Sabores Antiinflamatorios

Descubre el Poder de los Alimentos para tu Salud

Sofía Martínez

Tabla de contenido

Brócoli Sazonado, Coliflor Y Tofu Con Cebolla Morada 16

Ingredientes: 16

Direcciones: 17

Sartén de Frijoles y Salmón Porciones: 4 18

Ingredientes: 18

Direcciones: 19

Porciones de Sopa de Zanahoria: 4 20

Ingredientes: 20

Direcciones: 21

Porciones de ensalada de pasta saludable: 6 22

Ingredientes: 22

Direcciones: 22

Curry de garbanzos Porciones: 4 a 6 24

Ingredientes: 24

Direcciones: 25

Ingredientes de Stroganoff de carne molida: 26

Direcciones: 26

Costillas cortas picantes Porciones: 4 28

Ingredientes: 28

Direcciones: 29

Sopa De Fideos Sin Gluten Y Pollo Porciones: 4 30

Ingredientes: 30

Lentejas al curry Porciones: 4 32

Ingredientes: 32

Direcciones: 33

Salteado de pollo y guisantes Porciones: 4 34

Ingredientes: 34

Direcciones: 35

Broccolini Jugoso Con Almendras Y Anchoas Porciones: 6 36

Ingredientes: 36

Direcciones: 36

Porciones de shiitake y empanadas de espinacas: 8 38

Ingredientes: 38

Direcciones: 39

Ensalada De Brócoli Y Coliflor Porciones: 6 40

Ingredientes: 40

Direcciones: 41

Ensalada De Pollo Con Toque Chino Porciones: 3 42

Ingredientes: 42

Direcciones: 43

Pimientos Rellenos de Amaranto y Quinua Porciones: 4 44

Ingredientes: 44

Filete de pescado crujiente con costra de queso Raciones: 4 47

Ingredientes: 47

Direcciones: 47

Frijoles energéticos proteicos y conchas rellenas verdes 49

Ingredientes: 49

Ingredientes de ensalada de fideos asiáticos: 52

Direcciones: 53

Salmón y judías verdes Porciones: 4 54

Ingredientes: 54

Direcciones: 54

Ingredientes de pollo relleno con queso: 56

Direcciones: 57

Rúcula Con Aderezo De Gorgonzola Porciones: 4 58

Ingredientes: 58

Direcciones: 58

Porciones de sopa de repollo: 6 60

Ingredientes: 60

Arroz De Coliflor Porciones: 4 61

Ingredientes: 61

Direcciones: 61

Feta Frittata & Espinacas Porciones: 4 62

Ingredientes: 62

Direcciones: 62

Ingredientes de pegatinas de olla de pollo ardiente: 64

Direcciones: 65

Gambas al ajillo con coliflor rallada Raciones: 2 66

Ingredientes: 66

Direcciones: 66

Porciones de atún con brócoli: 1 68

Ingredientes: 68

Direcciones: 68

Sopa De Calabaza Con Camarones Porciones: 4 69

Ingredientes: 69

Direcciones: 70

Sabrosas bolas de pavo al horno Porciones: 6 71

Ingredientes: 71

Direcciones: 71
Sopa clara de almejas Porciones: 4 73
Ingredientes: 73
Direcciones: 74
Porciones de olla de arroz y pollo: 4 75
Ingredientes: 75
Direcciones: 76
Jambalaya de camarones salteados Porciones: 4 78
Ingredientes: 78
Porciones de chile con pollo: 6 80
Ingredientes: 80
Direcciones: 81
Sopa de Ajo y Lentejas Porciones: 4 82
Ingredientes: 82
Calabacín picante y pollo en salteado clásico de Santa Fe 84
Ingredientes: 84
Direcciones: 85
Tacos de tilapia con gran ensalada de sésamo y jengibre 86
Ingredientes: 86
Direcciones: 87
Estofado de lentejas al curry Porciones: 4 88
Ingredientes: 88
Direcciones: 88
Ensalada César De Kale Con Wrap De Pollo A La Parrilla Porciones: 2 90
Ingredientes: 90
Direcciones: 91
Ensalada De Espinacas Y Frijoles Porciones: 1 92

Ingredientes:..92

Direcciones: 92

Costra de salmón con nueces y romero Raciones: 6....................93

Ingredientes:..93

Direcciones: 94

Boniato al horno con salsa tahini roja Porciones: 4 95

Ingredientes:..95

Direcciones: 96

Sopa italiana de calabaza de verano Porciones: 4.........................97

Ingredientes:..97

Direcciones: 98

Porciones de sopa de azafrán y salmón: 4 99

Ingredientes:..99

Sopa de champiñones y gambas agridulce con sabor tailandés 101

Ingredientes:..101

Direcciones: 102

Orzo Con Tomates Secos Ingredientes:..103

Direcciones: 103

Sopa De Champiñones Y Remolacha Porciones: 4 106

Ingredientes:..106

Direcciones: 106

Ingredientes de albóndigas de pollo parmesano: 108

Direcciones: 108

Albóndigas Alla Parmigiana Ingredientes:...................................110

Direcciones: 111

Pechuga De Pavo En Sartén Con Verduras Doradas....................112

Ingredientes:..112

Direcciones: 112

Curry verde de coco con arroz hervido Raciones: 8 114

Ingredientes: 114

Direcciones: 114

Sopa De Camote Y Pollo Con Lentejas Porciones: 6 116

Ingredientes: 116

Direcciones: 117

Tortitas De Avena Porciones: 1 118

Ingredientes: 118

Direcciones: 118

Porciones de avena con arce: 4 120

Ingredientes: 120

Direcciones: 120

Batido de kiwi y fresa Porciones: 1 122

Ingredientes: 122

Direcciones: 122

Gachas De Linaza Con Canela Porciones: 4 123

Ingredientes: 123

Direcciones: 123

Barras de desayuno de camote y arándanos Porciones: 8 125

Ingredientes: 125

Direcciones: 125

Porciones de avena horneada con especias de calabaza: 6 127

Ingredientes: 127

Direcciones: 128

Revuelto de espinacas y tomate Porciones: 1 129

Ingredientes: 129

Direcciones: 129

Batido de raíz tropical, jengibre y cúrcuma Porciones: 1 131

Ingredientes: 131

Direcciones: 131

Tostada Francesa Con Vainilla Y Canela 133

Porciones: 4 133

Ingredientes: 133

Direcciones: 133

Barco de Aguacate Desayuno Porciones: 2 135

Ingredientes: 135

Direcciones: 135

Porciones de hachís de pavo: 4 137

Ingredientes: 137

Direcciones: 138

Avena cortada al acero con kéfir y bayas 140

Porciones: 4 140

Ingredientes: 140

Fabuloso espagueti de calabaza con queso y pesto de albahaca 142

Ingredientes: 142

Direcciones: 142

Batido salado de naranja y durazno Porciones: 2 144

Ingredientes: 144

Direcciones: 144

Muffins de plátano y mantequilla de almendras Porciones: 6 145

Ingredientes: 145

Direcciones: 146

Gachas de desayuno Porciones: 1 147

Ingredientes: 147

Direcciones: 147

Banana Bread Overnight Oats Porciones: 3 149

Ingredientes: 149

Direcciones: 150

Tazón de Choco Chía y Plátano Porciones: 3 151

Ingredientes: 151

Direcciones: 151

Batido antiinflamatorio de cereza y espinaca Porciones: 1 153

Ingredientes: 153

Direcciones: 153

Shakshuka picante Porciones: 4 155

Ingredientes: 155

Direcciones: 156

Golden Milk 5 minutos porciones: 1 158

Ingredientes: 158

Direcciones: 158

Porciones de avena para el desayuno: 1 160

Ingredientes: 160

Direcciones: 160

Donas de proteína de cúrcuma sin hornear Porciones: 8 162

Ingredientes: 162

Direcciones: 162

Frittata de queso cheddar y col rizada Porciones: 6 164

Ingredientes: 164

Direcciones: 164

Frittata Mediterránea Porciones: 6 166

Ingredientes:..166

Direcciones: 166

Granola De Alforfón, Canela Y Jengibre Porciones: 5...................168

Ingredientes:..168

Direcciones: 169

Panqueques De Cilantro Porciones: 6 170

Ingredientes:..170

Direcciones: 170

Batido de frambuesa y toronja Porciones: 1 172

Ingredientes:..172

Direcciones: 172

Granola con mantequilla de maní Porciones: 8 173

Ingredientes:..173

Direcciones: 173

Huevos revueltos al horno con cúrcuma Porciones: 6 175

Ingredientes:..175

Direcciones: 175

Salvado De Desayuno De Chia Y Avena Porciones: 2 177

Ingredientes:..177

Direcciones: 177

Rhubarb, Apple Plus Ginger Muffin Receta Porciones: 8 179

Ingredientes:..179

Porciones de cereales y frutas: 6..182

Ingredientes:..182

Direcciones: 182

Perky Paleo Potato & Protein Powder Porciones: 1 184

Ingredientes:..184

Direcciones: 184

Bruschetta de tomate con albahaca Porciones: 8 186

Ingredientes: 186

Direcciones: 186

Panqueques De Canela Con Coco Porciones: 2 188

Ingredientes: 188

Direcciones: 188

Avena con nueces, arándanos y plátano Porciones: 6.............. 190

Ingredientes: 190

Direcciones: 191

Tostada de huevo con salmón escalfado Porciones: 2 192

Ingredientes: 192

Direcciones: 192

Budín de desayuno con chía Porciones: 2................................ 193

Ingredientes: 193

Direcciones: 193

Huevos Con Queso Porciones: 1 194

Ingredientes: 194

Direcciones: 194

Tazones Tropicales Porciones: 2 196

Ingredientes: 196

Direcciones: 196

Hash Browns Tex Mex Porciones: 4 197

Ingredientes: 197

Direcciones: 197

Pasta Shirataki Con Aguacate Y Crema Porciones: 2 199

Ingredientes: 199

Direcciones: 199

Deliciosas porciones de papilla de amaranto: 2 201

Ingredientes: 201

Direcciones: 201

Tortitas de Harina de Almendras con Queso Crema Porciones: 2 203

Ingredientes: 203

Direcciones: 203

Hash de desayuno con manzana y pavo Porciones: 5 205

Ingredientes: 205

Direcciones: 206

Muffins de semillas de cáñamo y lino con queso Porciones: 2 208

Ingredientes: 208

Direcciones: 209

Waffles de coliflor con queso y cebollino Porciones: 2 210

Ingredientes: 210

Direcciones: 211

Sándwich de desayuno Porciones: 1 212

Ingredientes: 212

Direcciones: 212

106. Muffins vegetarianos salados Porciones: 5 212

Ingredientes: 212

Direcciones: 213

Panqueques De Calabacín Porciones: 8 215

Ingredientes: 215

Direcciones: 215

Hamburguesas de desayuno con bollos de aguacate Porciones: 1 217

Ingredientes: 217

Direcciones:.. 217

Sabrosos hojaldres cremosos y con queso Porciones: 2....................... 219

Ingredientes: 219

Direcciones:.. 219

Brócoli Sazonado, Coliflor Y Tofu Con Cebolla Morada

Porciones: 2

Tiempo de cocción: 25 minutos

Ingredientes:

2 tazas de floretes de brócoli

2 tazas de floretes de coliflor

1 cebolla roja mediana, cortada en cubitos

3 cucharadas de aceite de oliva virgen extra

1 cucharadita de sal

¼ de cucharadita de pimienta negra recién molida

1 libra de tofu firme, cortado en cubos de 1 pulgada

1 diente de ajo picado

1 pieza (¼ de pulgada) de jengibre fresco, finamente picado

Direcciones:

1. Precaliente el horno a 400°F.

2. Combine el brócoli, la coliflor, la cebolla, el aceite, la sal y la pimienta en una bandeja para hornear con borde grande y mezcle bien.

3. Ase hasta que las verduras estén tiernas, de 10 a 15 minutos.

4. Agregue el tofu, el ajo y el jengibre. Asado en 10 minutos.

5. Mezcle suavemente los ingredientes en la bandeja para hornear para combinar el tofu con las verduras y sirva.

Información nutricional:Calorías 210 Grasa total: 15 g Carbohidratos totales: 11 g Azúcar: 4 g Fibra: 4 g Proteína: 12 g Sodio: 626 mg

Sartén de Frijoles y Salmón Porciones: 4

Tiempo de cocción: 25 minutos

Ingredientes:

1 taza de frijoles negros enlatados, escurridos y enjuagados 4 dientes de ajo, finamente picados

1 cebolla amarilla, picada

2 cucharadas de aceite de oliva

4 filetes de salmón, sin espinas

½ cucharadita de cilantro, molido

1 cucharadita de cúrcuma en polvo

2 tomates, cortados en cubitos

½ taza de caldo de pollo

Una pizca de sal y pimienta negra

½ cucharadita de semillas de comino

1 cucharada de cebollín, picado

Direcciones:

1. Calentar una sartén con el aceite a fuego medio, agregar la cebolla y el ajo y sofreír por 5 minutos.

2. Agregue el pescado y fríalo durante 2 minutos por cada lado.

3. Agregue los frijoles y otros ingredientes, revuelva suavemente y cocine por otros 10 minutos.

4. Divida la mezcla entre platos y sirva inmediatamente para el almuerzo.

Información nutricional:calorías 219, grasa 8, fibra 8, carbohidratos 12, proteína 8

Porciones de Sopa de Zanahoria: 4

Tiempo de cocción: 40 minutos

Ingredientes:

1 taza de calabaza moscada, picada

1 cucharada. Aceite de oliva

1 cucharada. Polvo de cúrcuma

14 onzas Leche de coco, ligera

3 tazas de zanahoria, picada

1 puerro, enjuagado y rebanado

1 cucharada. El jengibre rallado

3 tazas de caldo de verduras

1 taza de hinojo, picado

Sal y Pimienta, al gusto

2 dientes de ajo, picados

Direcciones:

1. Comience calentando un horno holandés a fuego medio.

2. Para hacer esto, agregue el aceite, luego agregue el hinojo, la calabaza, las zanahorias y los puerros. Mezclar bien.

3. Ahora hornéalo de 4 a 5 minutos o hasta que esté suave.

4. Luego agregue la cúrcuma, el jengibre, la pimienta y el ajo. Cocine por otros 1 a 2 minutos.

5. Luego agregue el caldo y la leche de coco. Combina bien.

6. Luego hierva la mezcla y cubra la Olla Holandesa.

7. Cocine a fuego lento durante 20 minutos.

8. Después de cocinar, transfiera la mezcla a una licuadora de alta velocidad y mezcle durante 1 a 2 minutos o hasta obtener una sopa cremosa y suave.

9. Verifique el condimento y agregue más sal y pimienta si es necesario.

Información nutricional:Calorías: 210,4 Kcal Proteína: 2,11 g Carbohidratos: 25,64 g Grasa: 10,91 g

Porciones de ensalada de pasta saludable: 6

Tiempo de cocción: 10 minutos

Ingredientes:

1 paquete de pasta fusilli sin gluten

1 taza de tomates uva, en rodajas

1 puñado de cilantro fresco, finamente picado

1 taza de aceitunas, a la mitad

1 taza de albahaca fresca, picada

½ taza de aceite de oliva

Sal marina al gusto

Direcciones:

1. Batir el aceite de oliva, la albahaca picada, el cilantro y la sal marina.

Poner a un lado.

2. Cocine la pasta según las instrucciones del paquete, cuele y enjuague.

3. Mezclar la pasta con los tomates y las aceitunas.

4. Agregue la mezcla de aceite de oliva y mezcle hasta que esté bien mezclado.

Información nutricional:Carbohidratos totales 66 g Fibra dietética: 5 g Proteína: 13 g Grasa total: 23 g Calorías: 525

Curry de garbanzos Porciones: 4 a 6

Tiempo de cocción: 25 minutos

Ingredientes:

2 × 15 onzas Garbanzos, lavados, escurridos y cocidos 2 cdas. Aceite de oliva

1 cucharada. Polvo de cúrcuma

½ de 1 cebolla picada

1 cucharadita Cayena, puesta a tierra

4 dientes de ajo, finamente picados

2 cucharaditas chile en polvo

15 onzas Pasta de tomate

Pimienta negra, si es necesario

2 cucharadas. Pasta de tomate

1 cucharadita Cayena, puesta a tierra

½ cucharada miel de maple

½ de 15 oz. lata de leche de coco

2 cucharaditas comino molido

2 cucharaditas pimentón ahumado

Direcciones:

1. Caliente una sartén grande a fuego medio. Vierta el aceite para esto.

2. Una vez que el aceite esté caliente, agregue la cebolla y cocine de 3 a 4 minutos o hasta que estén blandas.

3. Luego agregue con una cuchara la pasta de tomate, el jarabe de arce, todos los condimentos, la pasta de tomate y el ajo. Mezclar bien.

4. Luego agregue los garbanzos cocidos junto con la leche de coco, la pimienta negra y la sal.

5. Ahora revuelve todo bien y déjalo reposar de 8 a 10 . hervir a fuego lento minutos o hasta que espese.

6. Espolvorea jugo de lima por encima y decora con cilantro si lo deseas.

Información nutricional:Calorías: 224KcalProteínas: 15,2gCarbohidratos: 32,4gGrasas: 7,5g

Ingredientes de Stroganoff de carne molida:

1 libra de carne molida magra

1 cebolla pequeña picada

1 diente de ajo finamente picado

3/4 libra de champiñones nuevos en rodajas

3 cucharadas de harina

2 tazas de caldo de carne

sal y pimienta para probar

2 cucharaditas de salsa Worcestershire

3/4 taza de crema agria

2 cucharadas de perejil nuevo

Direcciones:

1. Hamburguesa molida de color oscuro, cebolla y ajo (trate de no partir nada por encima) en un bol hasta que no quede nada rosado. Grasa de canal.

2. Agregue los champiñones en rodajas y cocine durante 2-3 minutos. Mezcle la harina y cocine gradualmente durante 1 minuto.

3. Agregue el caldo, la salsa Worcestershire, sal y pimienta y caliente hasta que hierva. Reduzca el fuego y cocine a fuego lento durante 10 minutos.

Cocine los fideos de huevo según las instrucciones de los jefes de paquetes.

4. Retire la mezcla de carne del fuego, mezcle la crema agria y el perejil.

5. Sirva sobre fideos de huevo.

Costillas cortas picantes Porciones: 4

Tiempo de cocción: 65 minutos

Ingredientes:

2 libras. Costillas de ternera

1 ½ cucharadita de aceite de oliva

1 ½ cucharada de salsa de soja

1 cucharada de salsa Worcestershire

1 cucharada de estevia

1 ¼ taza de cebolla picada.

1 cucharadita de ajo picado

1/2 taza de vino tinto

⅓ taza de ketchup, sin azúcar

Sal y pimienta negra al gusto

Direcciones:

1. Cortar las costillas en 3 segmentos y frotarlos con pimienta negra y sal.

2. Agregue aceite a la olla instantánea y presione Saltear.

3. Coloque las costillas en el aceite y dore durante 5 minutos por lado.

4. Echar la cebolla y sofreír durante 4 minutos.

5. Agregue el ajo y cocine por 1 minuto.

6. Batir el resto de los ingredientes en un bol y verter sobre las costillas.

7. Poner la tapa a presión y cocinar en modo manual a alta presión durante 55 minutos.

8. Cuando haya terminado, libere la presión de forma natural y luego retire la tapa.

9. Sirva tibio.

<u>Información nutricional:</u>Calorías 555, Carbohidratos 12,8 g, Proteína 66,7 g, Grasa 22,3 g, Fibra 0,9 g

Sopa De Fideos Sin Gluten Y Pollo Porciones: 4

Tiempo de cocción: 25 minutos

Ingredientes:

¼ taza de aceite de oliva virgen extra

3 tallos de apio, cortados en rodajas de 1 pulgada

2 zanahorias medianas, cortadas en cubos de 1 pulgada

1 cebolla pequeña, cortada en cubos de una pulgada

1 ramita de romero fresco

4 tazas de caldo de pollo

8 onzas de penne sin gluten

1 cucharadita de sal

¼ de cucharadita de pimienta negra recién molida

2 tazas de pollo asado cortado en cubitos

¼ taza de perejil fresco de hoja plana finamente picado<u>Direcciones:</u>

1. Caliente el aceite a fuego alto en una sartén grande.

2. Agregue el apio, las zanahorias, la cebolla y el romero y cocine hasta que se ablanden, de 5 a 7 minutos.

3. Agregue el caldo, penne, sal y pimienta y cocine.

4. Cocine a fuego lento y cocine hasta que la penne esté tierna, de 8 a 10 minutos.

5. Retire y deseche la ramita de romero y agregue el pollo y el perejil.

6. Baje el fuego. Cocinar en 5 minutos y servir.

Información nutricional: Calorías 485 Grasa total: 18 g Carbohidratos totales: 47 g Azúcar: 4 g Fibra: 7 g Proteína: 33 g Sodio: 1423 mg

Lentejas al curry Porciones: 4

Tiempo de cocción: 40 minutos

Ingredientes:

2 cucharaditas Semillas de mostaza

1 cucharadita Cúrcuma, molida

1 taza de lentejas, remojadas

2 cucharaditas Semilla de comino

1 tomate, grande y picado

1 cebolla amarilla, finamente picada

4 tazas de agua

Sal marina, si es necesario

2 zanahorias, cortadas en medias lunas

3 puñados de hojas de espinaca, ralladas

1 cucharadita Jengibre, finamente picado

½ cucharadita chile en polvo

2 cucharadas. aceite de coco

Direcciones:

1. Primero, coloque los frijoles mung y el agua en una cacerola profunda a fuego medio.

2. Ahora hierva la mezcla de frijoles y déjela hervir a fuego lento.

3. Cocine a fuego lento durante 20 a 30 minutos o hasta que los frijoles mung estén tiernos.

4. Luego, caliente el aceite de coco en una sartén grande a fuego medio y agregue las semillas de mostaza y comino.

5. Cuando revienten las semillas de mostaza, agregue las cebollas. Freír las cebollas por 4

minutos o hasta que se ablande.

6. Agregue el ajo y fríalo por 1 minuto más.

Una vez aromático, agregue la cúrcuma y el chile en polvo con una cuchara.

7. Luego agregue la zanahoria y el tomate. Cocine por 6 minutos o hasta que estén tiernos.

8. Por último, añade las lentejas cocidas y remueve todo bien.

9. Agregue las hojas de espinaca y cocine hasta que se ablanden. Alejar del calor. Sírvelo tibio y disfruta.

Información nutricional: Calorías 290Kcal Proteínas: 14g Carbohidratos: 43g Grasas: 8g

Salteado de pollo y guisantes Porciones: 4

Tiempo de cocción: 10 minutos

Ingredientes:

1 ¼ taza de pechugas de pollo sin piel, en rodajas finas 3 cucharadas de cilantro fresco, picado

2 cucharadas de aceite vegetal

2 cucharadas de semillas de sésamo

1 manojo de cebolletas, en rodajas finas

2 cucharaditas de Sriracha

2 dientes de ajo, picados

2 cucharadas de vinagre de arroz

1 pimiento, en rodajas finas

3 cucharadas de salsa de soya

2½ tazas de guisantes de nieve

Sal al gusto

Pimienta negra recién molida, al gusto

Direcciones:

1. Caliente el aceite en una sartén a fuego medio. Agregue el ajo y las cebolletas en rodajas finas. Cocine por un minuto, luego agregue 2 ½ tazas de guisantes junto con el pimiento. Cocine hasta que estén tiernos, unos 3-4 minutos.

2. Agregue el pollo y cocine durante unos 4-5 minutos, o hasta que esté completamente cocido.

3. Agregue 2 cucharaditas de Sriracha, 2 cucharadas de semillas de sésamo, 3

cucharadas de salsa de soja y 2 cucharadas de vinagre de arroz. Mezcle todo hasta que esté bien mezclado. Cocine a fuego lento durante 2-3 minutos.

4. Agregue 3 cucharadas de cilantro picado y revuelva bien. Transfiera y espolvoree con semillas de sésamo y cilantro adicionales, si es necesario. ¡Disfrutando!

Información nutricional:228 calorías 11 g de grasa 11 g de carbohidratos totales 20 g de proteína

Broccolini Jugoso Con Almendras Y Anchoas

Porciones: 6

Tiempo de cocción: 10 minutos

Ingredientes:

2 manojos de brócolini, recortados

1 cucharada de aceite de oliva virgen extra

1 chile rojo largo y fresco, sin semillas, finamente picado 2 dientes de ajo, en rodajas finas

¼ taza de almendras naturales, picadas en trozos grandes

2 cucharaditas de ralladura de limón, finamente rallada

Un chorrito de jugo de limón, fresco

4 anchoas en aceite, finamente picadas

Direcciones:

1. Caliente el aceite en una sartén grande hasta que esté caliente. Añadir las anchoas escurridas, el ajo, la guindilla y la ralladura de limón. Cocine hasta que esté aromático, por 30

segundos y revuelva con frecuencia. Agregue la almendra y cocine por otro minuto, revolviendo frecuentemente. Retire del fuego y agregue un chorrito de jugo de limón fresco.

2. Coloque el broccolini en una canasta de vapor sobre una cacerola con agua hirviendo. Tape y cocine hasta que estén crujientes, por 2

hasta 3 minutos. Escurra bien y transfiera a un tazón grande para servir. Cubra con la mezcla de almendras. Disfrutando.

Información nutricional:kcal 350 Grasa: 7 g Fibra: 3 g Proteína: 6 g

Porciones de shiitake y empanadas de espinacas: 8

Tiempo de cocción: 15 minutos

Ingredientes:

1 ½ tazas de hongos shiitake, picados

1 ½ tazas de espinacas, picadas

3 dientes de ajo, picados

2 cebollas, finamente picadas

4 cucharaditas aceite de oliva

1 huevo

1 ½ tazas de quinua, cocida

1 cucharadita especias italianas

1/3 taza de semillas de girasol tostadas, molidas

1/3 taza de queso Pecorino, rallado

Direcciones:

1. Caliente el aceite de oliva en una sartén. Cuando los hongos shiitake estén calientes, saltee durante 3 minutos o hasta que estén ligeramente dorados. Agrega el ajo y la cebolla. Cocine por 2 minutos o hasta que esté fragante y translúcido. Poner a un lado.

2. En la misma sartén, caliente el aceite de oliva restante. Agrega las espinacas. Reduzca el fuego, cocine a fuego lento durante 1 minuto, escurra y transfiera a un colador.

3. Picar finamente las espinacas y agregar a la mezcla de champiñones. Agregue el huevo a la mezcla de espinacas. Agregue la quinua cocida, sazone con condimento italiano y revuelva hasta que esté bien mezclado. Espolvorear con semillas de girasol y queso.

4. Divida la mezcla de espinacas en tortitas; cocine las tortitas en 5

minutos o hasta que esté firme y dorada. Servir con pan de hamburguesa.

<u>Información nutricional:</u>Calorías 43 Carbohidratos: 9g Grasa: 0g Proteína: 3g

Ensalada De Brócoli Y Coliflor Porciones: 6

Tiempo de cocción: 20 minutos

Ingredientes:

¼ de cucharadita Pimienta negra, molida

3 tazas de floretes de coliflor

1 cucharada. Vinagre

1 cucharadita Miel

8 tazas de col rizada, picada

3 tazas de floretes de brócoli

4 cucharadas Aceite de oliva virgen extra

½ cucharadita Salado

1 cucharadita mostaza de Dijon

1 cucharadita Miel

½ taza de cerezas, secas

1/3 taza de pecanas, picadas

1 taza de queso manchego, rallado

Direcciones:

1. Precaliente el horno a 450 F y coloque una bandeja para hornear en la rejilla del medio.

2. Luego ponga los floretes de coliflor y brócoli en un tazón grande.

3. Para ello, añade la mitad de la sal, dos cucharadas de aceite y pimienta. Tira bien.

4. Ahora transfiera la mezcla a la placa precalentada y hornee durante 12 minutos, volteándola una vez en el medio.

5. Una vez blandas y doradas, sacar del horno y dejar enfriar por completo.

6. Mientras tanto, mezcle las dos cucharadas restantes de aceite, vinagre, miel, mostaza y sal en otro recipiente.

7. Aplica esta mezcla sobre las hojas de col rizada moviendo las manos con las manos. Déjalo a un lado durante 3 a 5 minutos.

8. Finalmente, agregue las verduras asadas, el queso, las cerezas y las nueces a la ensalada de brócoli y coliflor.

Información nutricional:Calorías: 259 Kcal Proteínas: 8,4 g Carbohidratos: 23,2 g Grasas: 16,3 g

Ensalada De Pollo Con Toque Chino Porciones: 3

Tiempo de cocción: 25 minutos

Ingredientes:

1 cebolla verde mediana (en rodajas finas)

2 pechugas de pollo deshuesadas

2 cucharadas de salsa de soja

¼ de cucharadita de pimienta blanca

1 cucharada de aceite de sésamo

4 tazas de lechuga romana (picada)

1 cabeza de repollo (rallado)

¼ taza de zanahoria picada pequeña

¼ taza de almendras en rodajas finas

¼ de taza de fideos (solo para servir)

Para preparar el aderezo chino:

1 diente de ajo picado

1 cucharadita de salsa de soya

1 cucharada de aceite de sésamo

2 cucharadas de vinagre de arroz

1 cucharada de azúcar

Direcciones:

1. Prepare el aderezo chino batiendo todos los ingredientes en un bol.

2. Marinar las pechugas de pollo en un bol con ajo, aceite de oliva, salsa de soja y pimienta blanca durante 20 minutos.

3. Coloque la fuente de horno en el horno precalentado (a 225C).

4. Coloque las pechugas de pollo en la fuente para horno y hornee durante casi 20 minutos.

minutos.

5. Para armar la ensalada, combine la lechuga romana, el repollo, las zanahorias y la cebolla verde.

6. Antes de servir, coloque un trozo de pollo en un plato y la ensalada encima. Vierta un poco de aderezo junto a los fideos.

Información nutricional:Calorías 130 Carbohidratos: 10g Grasa: 6g Proteína: 10g

Pimientos Rellenos de Amaranto y Quinua

Porciones: 4

Tiempo de cocción: 1 hora y 10 minutos

Ingredientes:

2 cucharadas de amaranto

1 calabacín mediano, cortado, rallado

2 tomates maduros en vid, cortados en cubitos

2/3 taza (unos 135 g) de quinua

1 cebolla, mediana, finamente picada

2 dientes de ajo machacados

1 cucharadita de comino molido

2 cucharadas de semillas de girasol ligeramente tostadas 75 g de ricota, fresca

2 cucharadas de grosellas

4 pimientos, grandes, cortados por la mitad a lo largo y sin semillas 2 cucharadas de perejil de hoja plana, picado en trozos grandesDirecciones:

1. Cubra una bandeja para hornear, preferiblemente de tamaño grande, con papel pergamino (antiadherente), luego precaliente su horno a 350 F por adelantado. Llene una cacerola mediana con aproximadamente medio litro de agua, luego agregue el amaranto y la quinua; llévelo a ebullición a fuego medio. Cuando haya terminado, baje el fuego a bajo; cubra y cocine a fuego lento hasta que los granos estén al dente y el agua se haya absorbido, de 12 a 15

minutos. Retirar del fuego y dejar de lado.

2. Mientras tanto, engrase ligeramente una sartén grande con aceite y caliente a fuego medio. Una vez caliente, agregue la cebolla y el calabacín y cocine hasta que se ablanden, durante unos minutos, revolviendo con frecuencia. Agrega el comino y el ajo; cocine por un minuto. Retire del fuego y deje enfriar.

3. Coloque los granos, la mezcla de cebolla, las semillas de girasol, las grosellas, el perejil, la ricotta y el tomate en un recipiente para mezclar, preferiblemente uno grande; revuelva bien los ingredientes, sazone con sal y pimienta.

4. Rellene los pimientos con la mezcla de quinua preparada y colóquelos en la bandeja para hornear, cubriendo la bandeja para hornear con papel de aluminio. Hornee de 17 a 20

minutos. Retire el papel aluminio y hornee hasta que el relleno esté dorado y las verduras estén bien cocidas, otros 15 a 20 minutos.

Información nutricional: kcal 200 Grasa: 8,5 g Fibra: 8 g Proteína: 15 g

Filete de pescado crujiente con costra de queso

Raciones: 4

Tiempo de cocción: 10 minutos

Ingredientes:

¼ de taza de pan rallado integral

¼ taza de queso parmesano, rallado

¼ cucharadita de sal marina ¼ cucharadita de pimienta molida

1 cucharada. filetes de tilapia 4 piezas en aceite de oliva

Direcciones:

1. Precaliente el horno a 375°F.

2. Agregue el pan rallado, el queso parmesano, la sal, la pimienta y el aceite de oliva en un tazón para mezclar.

3. Mezcle bien hasta que esté bien mezclado.

4. Cepille los filetes con la mezcla y coloque cada uno en una bandeja para hornear ligeramente rociada.

5. Coloque la bandeja en el horno.

6. Hornee por 10 minutos hasta que los filetes estén bien cocidos y comiencen a dorarse.

Información nutricional:Calorías: 255 Grasas: 7 g Proteínas: 15,9 g Carbohidratos: 34 g Fibra: 2,6 g

Frijoles energéticos proteicos y conchas rellenas verdes

Ingredientes:

Sal real o marina

Aceite de oliva

12 onzas. paquete de conchas de almejas (alrededor de 40) 1 lb. espinacas partidas congeladas

2 a 3 dientes de ajo, pelados y divididos

15 a 16 onzas ricotta cheddar (idealmente leche entera/entera) 2 huevos

1 lata de judías blancas (por ejemplo, cannellini), vacías y enjuagadas

½ taza de pesto verde, hecho a medida o comprado localmente Pimienta negra molida

3 tazas (o más) de salsa marinara

Parmesano molido o queso cheddar pecorino (discrecional)<u>Direcciones:</u>

1. Caliente al menos 5 cuartos de galón de agua hasta el punto de ebullición en una olla grande (o trabaje en dos grumos más pequeños). Añadir una cucharada de sal, un chorrito de aceite de oliva y las conchas. Burbujear durante unos 9 minutos (o hasta que el extremo aún esté ligeramente

firme), mezclando esporádicamente para mantener las conchas aisladas. Saca con cuidado las conchas en un colador o sácalas del agua con una cuchara abierta. Lavar rápidamente con agua fría. Cubra una placa caliente con borde con film transparente. Una vez que las conchas estén lo suficientemente frías para manipularlas, sepárelas a mano, deseche el agua sobrante y colóquelas en una capa solitaria en el recipiente del plato. Extender con film transparente poco a poco una vez que esté prácticamente frío.

2. Lleve unos cuantos cuartos de galón de agua (o use el agua restante de la pasta, en caso de que no la haya tirado) a una burbuja en una olla similar. Agregue las espinacas congeladas y cocine a fuego alto durante tres minutos, hasta que estén tiernas. Cubra el colador con toallas de papel empapadas si es probable que los espacios sean grandes, momento en el que estará canalizando las espinacas. Coloque un colador sobre un tazón para drenar más a medida que comienza a llenar.

3. Agregue solo el ajo a un procesador de alimentos y bata hasta que esté finamente picado y adherido a los lados. Raspe los lados del tazón, en ese punto la ricota, los huevos, los frijoles, el pesto, 1½

cucharaditas de sal y unas gotas de pimienta (un gran apretón). Apriete las espinacas en su agarre para permitir que el agua que sobresale se drene adecuadamente, luego agregue varios accesorios en el procesador de alimentos. Gire hasta que esté prácticamente suave, con algunos pequeños trozos de espinaca aún perceptibles. Tiendo a no probar después de agregar el huevo crudo, pero en caso de que crea que el sabor básico está un poco apagado y ajuste el sabor al gusto.

4. Precaliente la parrilla a 350 (F) y rocíe ligeramente o engrase una superficie de 9 x 13"

sartén, junto a otro plato de goulash más pequeño (alrededor de 8 a 10 de las conchas no caben en el 9 x 13). Para llenar las conchas, tome cada concha por turnos y manténgala abierta con el pulgar y el índice de su mano no dominante. Saque de 3 a 4 cucharadas llenas con la otra mano y raspe la cáscara. La mayoría de ellos no se verán muy bien, ¡lo cual es bueno! Coloque las conchas rellenas juntas en el recipiente listo. Vierta la salsa sobre las conchas, dejando trozos del relleno verde inconfundibles. Extender el recipiente con fuerza y preparar durante 30 minutos. Aumente el calor a 375 (F), espolvoree las conchas con un poco de queso parmesano rallado (si lo usa) y caliente revelado por otros 5

a 10 minutos hasta que el queso cheddar se disuelva y se reduzca la humedad del exceso.

5. Refrigere durante 5 a 10 minutos, luego sirva solo o con un plato fresco de verduras mixtas como una idea de último momento.

Ingredientes de ensalada de fideos asiáticos:

8 onzas de longitud de fideos de pasta de trigo integral livianos, por ejemplo, espagueti (use fideos soba para hacer sin gluten) 24 onzas de ensalada de repollo con brócoli de Mann's - 2 bolsas de 12 onzas 4 onzas de zanahorias molidas

1/4 taza de aceite de oliva virgen extra

1/4 taza de vinagre de arroz

3 cucharadas de néctar: use néctar de agave ligero para volverse vegetariano

3 cucharadas de crema de nuez suave

2 cucharadas de salsa de soya baja en sodio, sin gluten si es necesario 1 cucharada de salsa de pimienta Sriracha, o salsa de ajo y chile, al gusto como extra

1 cucharada de jengibre nuevo finamente picado

2 cucharaditas de ajo picado - alrededor de 4 dientes 3/4 taza de maní tostado sin sal, generalmente picado 3/4 taza de cilantro nuevo - finamente picado

Direcciones:

1. Caliente una olla grande de agua con sal hasta el punto de ebullición. Cocine los fideos hasta que aún estén ligeramente firmes, como se indica en los títulos del paquete. Canalice y enjuague rápidamente con agua fría para eliminar el exceso de almidón y detener la cocción, momento en el que pase a un tazón grande para servir. Agregue la ensalada de col con brócoli y las zanahorias.

2. Mientras se cocina la pasta, mezcle el aceite de oliva, el vinagre de arroz, el néctar, la pasta de nueces, la salsa de soya, la Sriarcha, el jengibre y el ajo. Vierta sobre la mezcla de fideos y revuelva para consolidar. Agregue los cacahuates y el cilantro y revuelva nuevamente. Sirva frío o a temperatura ambiente con salsa Sriracha adicional si lo desea.

3. Notas de fórmula

4. La ensalada asiática de fideos se puede servir fría o a temperatura ambiente.

La tienda se mantendrá en el refrigerador en un recipiente hermético/de agua hasta por 3 días.

Salmón y judías verdes Porciones: 4

Tiempo de cocción: 26 minutos

Ingredientes:

2 cucharadas de aceite de oliva

1 cebolla amarilla, picada

4 filetes de salmón, sin espinas

1 taza de judías verdes, cortadas y cortadas por la mitad

2 dientes de ajo, picados

½ taza de caldo de pollo

1 cucharadita de chile en polvo

1 cucharadita de pimentón dulce

Una pizca de sal y pimienta negra

1 cucharada de cilantro, finamente picado

Direcciones:

1. Calienta una sartén con el aceite a fuego medio, agrega la cebolla, revuelve y fríe por 2 minutos.

2. Agregue el pescado y fríalo durante 2 minutos por cada lado.

3. Agregue el resto de los ingredientes, revuelva suavemente y hornee a 360 grados F durante 20 minutos.

4. Divida todo en los platos y sirva para el almuerzo.

Información nutricional:calorías 322, grasa 18.3, fibra 2, carbohidratos 5.8, proteína 35.7

Ingredientes de pollo relleno con queso:

2 cebolletas (en rodajas finas)

2 jalapeños sin semillas (en rodajas magras)

1/4 taza cilantro

1 cucharadita pizza de lima

4 onzas. Monterey Jack cheddar (molido grueso) 4 pechugas de pollo deshuesadas pequeñas

3 cucharadas aceite de oliva

Salado

Pimienta

3 cucharadas jugo de lima

2 pimientos morrones (finamente picados)

1/2 cebolla roja pequeña (en rodajas finas)

5c. lechuga romana rota

Direcciones:

1. Caliente el asador a 450 ° F. En un tazón, consolide las cebolletas y los jalapeños sin semillas, 1/4 taza de cilantro (partido) y lima para que crezcan, luego mezcle con el queso cheddar Monterey Jack.

2. Inserte el cuchillo en la parte más gruesa de cada una de las pechugas de pollo deshuesadas, moviéndolo hacia adelante y hacia atrás para hacer un bolsillo de 2 1/2 pulgadas lo más ancho posible sin que se descame. Rellene el pollo con la mezcla de queso cheddar.

3. Caliente 2 cucharadas de aceite de oliva en una sartén grande a fuego medio.

Sazone el pollo con sal y pimienta y cocine hasta que se dore brillantemente por un lado, de 3 a 4 minutos. Voltee el pollo y ase hasta que esté bien cocido, de 10 a 12 minutos.

4. Mientras tanto, en un tazón grande, bata el jugo de limón, 1 cucharada de aceite de oliva y 1/2 cucharadita de sal. Agregue los pimientos rojos y la cebolla roja y deje reposar durante 10 minutos, revolviendo esporádicamente. Mezcle con lechuga romana y 1 taza de cilantro nuevo. Sirva con pollo y gajos de lima.

Rúcula Con Aderezo De Gorgonzola Porciones: 4

Tiempo de cocción: 0 minutos

Ingredientes:

1 manojo de rúcula, limpia

1 pera, en rodajas finas

1 cucharada de jugo de limón fresco

1 diente de ajo, machacado

1/3 taza de queso Gorgonzola, desmoronado

1/4 taza de caldo de verduras, bajo en sodio

Pimienta recién molida

4 cucharaditas de aceite de oliva

1 cucharada de vinagre de sidra

Direcciones:

1. Coloque las rodajas de pera y el jugo de limón en un tazón. Mezcle para cubrir.

Disponer las rodajas de pera, junto con la rúcula, en una fuente.

2. Mezclar el vinagre, el aceite, el queso, el caldo, la pimienta y el ajo en un bol. Deje reposar por 5 minutos, retire el ajo. Poner el aderezo y servir.

Información nutricional: Calorías 145 Carbohidratos: 23g Grasa: 4g Proteína: 6g

Porciones de sopa de repollo: 6

Tiempo de cocción: 35 minutos

Ingredientes:

1 cebolla amarilla, picada

1 cabeza de repollo verde, rallado

2 cucharadas de aceite de oliva

5 tazas de caldo de verduras

1 zanahoria, pelada y rallada

Una pizca de sal y pimienta negra

1 cucharada de cilantro, finamente picado

2 cucharaditas de tomillo, finamente picado

½ cucharadita de pimentón ahumado

½ cucharadita de pimentón picante

1 cucharada de jugo de limón

Arroz De Coliflor Porciones: 4

Tiempo de cocción: 10 minutos

Ingredientes:

¼ taza de aceite de cocina

1 cucharada. aceite de coco

1 cucharada. Azúcar de coco

4 tazas de coliflor, partida en floretes ½ cdta. Salado

Direcciones:

1. Primero, procese la coliflor en un procesador de alimentos y muela durante 1 a 2 minutos.

2. Caliente el aceite en una sartén grande a fuego medio y agregue el arroz de coliflor, el azúcar de coco y la sal.

3. Combínalos bien y cocina de 4 a 5 minutos o hasta que la coliflor esté ligeramente blanda.

4. Finalmente, vierte la leche de coco y disfruta.

Información nutricional:Calorías 108Kcal Proteínas: 27,1g Carbohidratos: 11g Grasas: 6g

Feta Frittata & Espinacas Porciones: 4

Tiempo de cocción: 10 minutos

Ingredientes:

½ cebolla marrón pequeña

250 g de espinacas tiernas

½ taza de queso feta

1 cucharada de pasta de ajo

4 huevos batidos

mezcla de hierbas

Sal y Pimienta al gusto

1 cucharada de aceite de oliva

Direcciones:

1. Agregue una cebolla finamente en aceite y cocínela a fuego medio.

2. Agregue las espinacas a las cebollas ligeramente doradas y saltee durante 2 minutos.

3. En los huevos, agregue la mezcla de espinacas y cebollas frías.

4. Ahora agregue pasta de ajo, sal y pimienta y mezcle la mezcla.

5. Cocine esta mezcla a fuego lento y revuelva suavemente los huevos.

6. Agregue queso feta a los huevos y coloque la sartén debajo de la parrilla ya precalentada.

7. Cuécelo durante casi 2 a 3 minutos hasta que la frittata se dore.

8. Sirva esta frittata de queso feta tibia o fría.

<u>Información nutricional:</u>Calorías 210 Carbohidratos: 5g Grasa: 14g Proteína: 21g

Ingredientes de pegatinas de olla de pollo ardiente:

1 libra de pollo molido

1/2 taza de repollo rallado

1 zanahoria, eviscerada y destruida

2 dientes de ajo, machacados

2 cebollas verdes, en rodajas finas

1 cucharada de salsa de soja reducida en sodio

1 cucharada de salsa hoisin

1 cucharada de jengibre naturalmente molido

2 cucharaditas de aceite de sésamo

1/4 cucharadita de pimienta blanca molida

36 won toneladas de envolturas

2 cucharadas de aceite vegetal

PARA LA SALSA DE ACEITE DE CHILE PICANTE:

1/2 taza de aceite vegetal

1/4 taza de pimientos rojos secos, triturados

2 dientes de ajo, picados

Direcciones:

1. Caliente el aceite vegetal en una cacerola a fuego medio. Agregue los pimientos triturados y el ajo, revolviendo ocasionalmente, hasta que el aceite alcance los 180 grados F, aproximadamente de 8 a 10 minutos; poner en un lugar seguro.

2. En un tazón grande, coloque el pollo, el repollo, la zanahoria, el ajo, las cebollas verdes, la salsa de soya, la salsa hoisin, el jengibre, el aceite de sésamo y la pimienta blanca.

3. Para armar las albóndigas, coloque los envoltorios en una superficie de trabajo.

Coloque 1 cucharada de la mezcla de pollo en el punto focal de cada envoltura. Frota los bordes de los envoltorios con agua con tu dedo. Dobla la mezcla sobre el relleno para formar una media luna, pellizca los bordes para sellar.

4. Caliente el aceite vegetal en una sartén grande a fuego medio.

Agregue empanadillas en una sola capa y cocine hasta que estén brillantes y crujientes, aproximadamente 2-3 minutos por cada lado.

5. Sirva rápidamente con salsa de aceite de estofado caliente.

Gambas al ajillo con coliflor rallada Raciones: 2

Tiempo de cocción: 15 minutos

Ingredientes:

Para preparar camarones

1 libra de camarones

2-3 cucharadas de condimento cajún

Salado

1 cucharada de mantequilla/ghee

Para cocinar sémola de coliflor

2 cucharadas de manteca

12 onzas de coliflor

1 diente de ajo

Sal al gusto

Direcciones:

1. Hierva la coliflor y el ajo en 8 onzas de agua a fuego medio hasta que estén suaves.

2. Muele la coliflor tierna en el procesador de alimentos con ghee. Agregue agua hirviendo gradualmente para obtener la consistencia adecuada.

3. Espolvoree 2 cucharadas de condimento cajún sobre los camarones y deje marinar.

4. En una sartén grande, tome 3 cucharadas de ghee y cocine los camarones a fuego medio.

5. Ponga una cucharada grande de sémola de coliflor en un tazón de camarones fritos.

Información nutricional:Calorías 107 Carbohidratos: 1g Grasa: 3g Proteína: 20g

Porciones de atún con brócoli: 1

Tiempo de cocción: 10 minutos

Ingredientes:

1 cucharadita Aceite de oliva virgen extra

3 onzas. Atún en agua, preferentemente ligero y grueso, escurrido 1 cda. nueces, picadas en trozos grandes

2 tazas de brócoli, finamente picado

½ cucharadita Salsa picante

Direcciones:

1. Comience mezclando el brócoli, las hierbas y el atún en un tazón grande hasta que estén bien mezclados.

2. Luego mete las verduras al horno por 3 minutos o hasta que estén cocidas

3. Luego revuelva las nueces y el aceite de oliva en el recipiente y mezcle bien.

4. Sirve y disfruta.

Información nutricional:Calorías 259 Kcal Proteínas: 27,1 g Carbohidratos: 12,9 g Grasas: 12,4 g

Sopa De Calabaza Con Camarones Porciones: 4

Tiempo de cocción: 20 minutos

Ingredientes:

3 cucharadas de mantequilla sin sal

1 cebolla roja pequeña, finamente picada

1 diente de ajo, rebanado

1 cucharadita de cúrcuma

1 cucharadita de sal

¼ de cucharadita de pimienta negra recién molida

3 tazas de caldo de verduras

2 tazas de calabaza moscada pelada cortada en cubos de ¼ de pulgada 1 libra de camarones pelados cocidos, descongelados si es necesario 1 taza de leche de almendras sin azúcar

¼ taza de almendras fileteadas (opcional)

2 cucharadas de perejil fresco de hoja plana finamente picado 2 cucharaditas de ralladura de limón rallada o picada

Direcciones:

1. Disuelva la mantequilla en una cacerola grande a fuego alto.

2. Agregue la cebolla, el ajo, la cúrcuma, la sal y la pimienta y cocine hasta que las verduras estén suaves y transparentes, de 5 a 7 minutos.

3. Agregue el caldo y la calabaza y cocine.

4. Cocine a fuego lento en 5 minutos.

5. Agregue los camarones y la leche de almendras y cocine hasta que estén bien calientes, aproximadamente 2 minutos.

6. Espolvorea con las almendras (si las usas), el perejil y la ralladura de limón y sirve.

Información nutricional:Calorías 275 Grasa total: 12 g Carbohidratos totales: 12 g Azúcar: 3 g Fibra: 2 g Proteína: 30 g Sodio: 1665 mg

Sabrosas bolas de pavo al horno Porciones: 6

Tiempo de cocción: 30 minutos

Ingredientes:

1 libra de pavo molido

½ taza de pan rallado fresco, blanco o integral ½ taza de queso parmesano, recién rallado

½ cucharada albahaca, recién picada

½ cucharada orégano, recién picado

1 pieza de huevo grande, batido

1 cucharada. perejil, recién picado

3 cucharadas de leche o agua

Una pizca de sal y pimienta

Una pizca de nuez moscada recién rallada

Direcciones:

1. Precaliente su horno a 350°F.

2. Cubra dos moldes para hornear con papel para hornear.

3. Revuelva todos los ingredientes en un tazón grande para mezclar.

4. Forme la mezcla en bolas de 1 pulgada y coloque cada bola en la bandeja para hornear.

5. Coloque la fuente en el horno.

6. Hornee durante 30 minutos, o hasta que el pavo esté completamente cocido y las superficies estén doradas.

7. Voltee las albóndigas una vez a la mitad de la cocción.

Información nutricional:Calorías: 517 CalVet: 17,2 g Proteína: 38,7 g Carbohidratos: 52,7 g Fibra: 1 g

Sopa clara de almejas Porciones: 4

Tiempo de cocción: 15 minutos

Ingredientes:

2 cucharadas de mantequilla sin sal

2 zanahorias medianas, cortadas en trozos de una pulgada

2 tallos de apio, en rodajas finas

1 cebolla roja pequeña, cortada en cubos de 1 pulgada

2 dientes de ajo, en rodajas

2 tazas de caldo de verduras

1 botella (8 onzas) de jugo de almejas

1 lata (10 onzas) de almejas

½ cucharadita de tomillo seco

½ cucharadita de sal

¼ de cucharadita de pimienta negra recién molida

Direcciones:

1. Disuelva la mantequilla en una cacerola grande a fuego alto.

2. Agregue las zanahorias, el apio, la cebolla y el ajo y cocine de 2 a 3 minutos hasta que se ablanden.

3. Agregue el caldo y el jugo de almejas y cocine.

4. Cocine a fuego lento y cocine hasta que las zanahorias estén tiernas, de 3 a 5 minutos.

5. Agregue las almejas y sus jugos, el tomillo, la sal y la pimienta, caliente de 2 a 3 minutos y sirva.

Información nutricional: Calorías 156 Grasa total: 7 g Carbohidratos totales: 7 g Azúcar: 3 g Fibra: 1 g Proteína: 14 g Sodio: 981 mg

Porciones de olla de arroz y pollo: 4

Tiempo de cocción: 25 minutos

Ingredientes:

1 libra. pechuga de pollo de corral, taza de arroz integral sin hueso y sin piel

¾ de libra de champiñones de su elección, rebanados

1 puerro, en rodajas

¼ taza de almendras picadas

1 taza de agua

1 cucharada. aceite de oliva

1 taza de judías verdes

½ taza de vinagre de sidra de manzana

2 cucharadas. harina para todo uso

1 taza de leche, baja en grasa

¼ taza de queso parmesano, recién rallado

¼ taza de crema agria

Una pizca de sal marina, agregue más si es necesario

pimienta negra molida, al gusto

Direcciones:

1. Vierta el arroz integral en una olla. Añadir agua. Cubra y deje hervir. Reduzca el fuego y cocine a fuego lento durante 30 minutos o hasta que el arroz esté tierno.

2. Mientras tanto, en una sartén, agregue la pechuga de pollo y vierta suficiente agua para cubrir - sazone con sal. Hierva la mezcla, reduzca el fuego y cocine a fuego lento durante 10 minutos.

3. Triture el pollo. Poner a un lado.

4. Caliente el aceite de oliva. Cocine los puerros hasta que estén tiernos. Agrega los champiñones.

5. Vierta vinagre de sidra de manzana en la mezcla. Freír la mezcla hasta que el vinagre se haya evaporado. Agregue la harina y la leche a la sartén.

Espolvorea queso parmesano encima y agrega crema agria. Sazone con pimienta negra.

6. Precaliente el horno a 350 grados F. Engrase ligeramente una asadera con aceite.

7. Extienda el arroz cocido en la cacerola y coloque encima el pollo desmenuzado y las judías verdes. Agregue los champiñones y la salsa de puerros.

Ponle almendras.

8. Hornee dentro de 20 minutos o hasta que estén doradas. Dejar enfriar antes de servir.

Información nutricional:Calorías 401 Carbohidratos: 54g Grasa: 12g Proteína: 20g

Jambalaya de camarones salteados Porciones: 4

Tiempo de cocción: 30 minutos

Ingredientes:

10 onzas. camarones medianos, pelados

¼ taza de apio picado ½ taza de cebolla picada

1 cucharada. aceite o mantequilla ¼ de cucharadita de ajo, finamente picado

¼ cucharadita de sal de cebolla o sal marina

⅓ taza de salsa de tomate ½ cucharadita de pimentón ahumado

½ cucharadita de salsa Worcestershire

⅔ taza de zanahorias picadas

1¼ tazas de salchicha de pollo, precocida y cortada en cubitos 2 tazas de lentejas, remojadas durante la noche y precocidas 2 tazas de okra, picadas

Una pizca de pimiento rojo molido y queso parmesano con pimienta negra, rallado para cubrir (opcional)<u>Direcciones:</u>

1. Saltee los camarones, el apio y la cebolla con aceite en una cacerola a fuego medio durante cinco minutos, o hasta que los camarones se pongan rosados.

2. Agregue el resto de los ingredientes y continúe horneando por 10

minutos, o hasta que las verduras estén tiernas.

3. Antes de servir, divida la mezcla de jambalaya entre cuatro tazones para servir.

4. Espolvorea con pimienta y queso si lo deseas.

Información nutricional: Calorías: 529 Grasa: 17,6 g Proteína: 26,4 g Carbohidratos: 98,4 g Fibra: 32,3 g

Porciones de chile con pollo: 6

Tiempo de cocción: 1 hora

Ingredientes:

1 cebolla amarilla, picada

2 cucharadas de aceite de oliva

2 dientes de ajo, picados

1 libra de pechuga de pollo, sin piel, sin huesos y cortada en cubitos 1 pimiento verde, picado

2 tazas de caldo de pollo

1 cucharada de cacao en polvo

2 cucharadas de chile en polvo

1 cucharadita de pimentón ahumado

1 taza de tomates enlatados, picados

1 cucharada de cilantro, finamente picado

Una pizca de sal y pimienta negra

Direcciones:

1. Calentar una sartén con el aceite a fuego medio, agregar la cebolla y el ajo y sofreír por 5 minutos.

2. Agregue la carne y dore por otros 5 minutos.

3. Agregue el resto de los ingredientes, mezcle y cocine a fuego medio durante 40 minutos.

4. Divida el chile en tazones y sirva para el almuerzo.

Información nutricional:calorías 300, grasa 2, fibra 10, carbohidratos 15, proteína 11

Sopa de Ajo y Lentejas Porciones: 4

Tiempo de cocción: 15 minutos

Ingredientes:

2 cucharadas de aceite de oliva virgen extra

2 zanahorias medianas, en rodajas finas

1 cebolla blanca pequeña, cortada en cubos de una pulgada

2 dientes de ajo, en rodajas finas

1 cucharadita de canela molida

1 cucharadita de sal

¼ de cucharadita de pimienta negra recién molida

3 tazas de caldo de verduras

1 lata de lentejas, escurridas y enjuagadas 1 cucharada de ralladura de naranja picada o rallada

¼ taza de nueces picadas (opcional)

2 cucharadas de perejil fresco de hoja plana finamente picado Direcciones:

1. Caliente el aceite a fuego alto en una sartén grande.

2. Agregue las zanahorias, la cebolla y el ajo y saltee hasta que se ablanden, de 5 a 7

minutos.

3. Agregue canela, sal y pimienta y revuelva para cubrir las verduras, de 1 a 2 minutos de manera uniforme.

4. Poner el caldo y hervir. Deje hervir a fuego lento, luego agregue las lentejas y cocine hasta dentro de 1 minuto.

5. Agregue la ralladura de naranja y sirva, espolvoreado con las nueces (si las usa) y el perejil.

Información nutricional:Calorías 201 Grasa total: 8 g Carbohidratos totales: 22 g Azúcar: 4 g Fibra: 8 g Proteína: 11 g Sodio: 1178 mg

Calabacín picante y pollo en salteado clásico de Santa Fe

Porciones: 2

Tiempo de cocción: 15 minutos

Ingredientes:

1 cucharada. aceite de oliva

2 filetes de pollo, en rodajas

1 pieza de cebolla, pequeña, cortada en cubitos

2 dientes de ajo, picados 1 pieza de calabacín, cortado en cubitos ½ taza de zanahorias, ralladas

1 cucharadita de pimentón, ahumado 1 cucharadita de comino, molido

½ cucharadita de chile en polvo ¼ cucharadita de sal marina

2 cucharadas. jugo de limón fresco

¼ taza de cilantro, recién picado

Arroz integral o quinoa, al momento de servir

Direcciones:

1. Freír el pollo en aceite de oliva durante unos 3 minutos hasta que el pollo se dore. Poner a un lado.

2. Usando el mismo wok, agregue la cebolla y el ajo.

3. Cocine hasta que la cebolla esté blanda.

4. Agregue las zanahorias y los calabacines.

5. Revuelva la mezcla y cocine por aproximadamente otro minuto.

6. Agregue todos los condimentos a la mezcla y revuelva durante otro minuto para cocinar.

7. Regrese el pollo al wok y agregue el jugo de limón.

8. Revuelva para cocinar hasta que esté bien cocido.

9. Para servir, coloque la mezcla sobre arroz cocido o quínoa y espolvoree con el cilantro recién picado.

Información nutricional:Calorías: 191 Grasas: 5,3 g Proteínas: 11,9 g Carbohidratos: 26,3 g Fibra: 2,5 g

Tacos de tilapia con gran ensalada de sésamo y jengibre

Porciones: 4

Tiempo de cocción: 5 horas

Ingredientes:

1 cucharadita de jengibre fresco, rallado

Sal y pimienta negra recién molida al gusto 1 cucharadita de stevia

1 cucharada de salsa de soja

1 cucharada de aceite de oliva

1 cucharada de jugo de limón

1 cucharada de yogur

1½ libras de filetes de tilapia

1 taza de mezcla de ensalada de col

Direcciones:

1. Encienda la olla instantánea, agregue todos los ingredientes excepto los filetes de tilapia y la mezcla de ensalada de col y revuelva hasta que estén bien mezclados.

2. Luego agregue los filetes, revuelva hasta que estén bien cubiertos, cierre con la tapa, presione la

botón de cocción lenta y cocine durante 5 horas, volteando los filetes a la mitad.

3. Cuando estén listos, coloque los filetes en un bol y déjelos enfriar por completo.

4. Para preparar la comida, divida la mezcla de ensalada de col en cuatro recipientes herméticos, agregue la tilapia y refrigere hasta por tres días.

5. Cuando esté listo para comer, cocine la tilapia en el microondas hasta que esté caliente, luego sirva con ensalada de col.

Información nutricional:Calorías 278, grasa total 7,4 g, carbohidratos totales 18,6 g, proteína 35,9 g, azúcar 1,2 g, fibra 8,2 g, sodio 194 mg

Estofado de lentejas al curry Porciones: 4

Tiempo de cocción: 15 minutos

Ingredientes:

1 cucharada de aceite de oliva

1 cebolla, picada

2 dientes de ajo, picados

1 cucharada de especias de curry orgánico

4 tazas de caldo de verduras orgánico bajo en sodio 1 taza de lentejas rojas

2 tazas de calabaza moscada, cocida

1 taza de col rizada

1 cucharadita de cúrcuma

Sal marina al gusto

Direcciones:

1. Sofreír el aceite de oliva con la cebolla y el ajo en una sartén grande a fuego medio, agregar. Saltear durante 3 minutos.

2. Agregue las especias de curry orgánico, el caldo de verduras y las lentejas y deje hervir; cocine por 10 minutos.

3. Agregue la calabaza cocida y la col rizada.

4. Agregue la cúrcuma y la sal marina al gusto.

5. Sirva caliente.

Información nutricional: Carbohidratos totales 41 g Fibra dietética: 13 g Proteína: 16 g Grasa total: 4 g Calorías: 252

Ensalada César De Kale Con Wrap De Pollo A La Parrilla Porciones: 2

Tiempo de cocción: 20 minutos

Ingredientes:

6 tazas de col rizada, cortada en trozos pequeños del tamaño de un bocado

½ huevo en mal estado; cocido

8 onzas de pollo a la parrilla, en rodajas finas

½ cucharadita de mostaza Dijon

¾ taza de queso parmesano, finamente rallado

pimienta negro

sal kosher

1 diente de ajo picado

1 taza de tomates cherry, en cuartos

1/8 taza de jugo de limón, recién exprimido

2 tortillas grandes o dos panes planos Lavash

1 cucharadita de agave o miel

1/8 taza de aceite de oliva

Direcciones:

1. Combine la mitad del huevo batido con la mostaza, el ajo picado, la miel, el aceite de oliva y el jugo de limón en un tazón grande para mezclar. Bate hasta obtener una consistencia similar a la de un aderezo. Condimentar con sal y pimienta.

2. Agregue los tomates cherry, el pollo y la col rizada; revuelve suavemente hasta que esté bien cubierto con el aderezo, luego agrega ¼ de taza de queso parmesano.

3. Extienda los panes planos y divida la ensalada preparada de manera uniforme sobre los burritos; espolvorea cada uno con aproximadamente ¼ de taza de queso parmesano.

4. Enrolle las envolturas y córtelas por la mitad. Sirve inmediatamente y disfruta.

Información nutricional:kcal 511 Grasa: 29 g Fibra: 2,8 g Proteína: 50 g

Ensalada De Espinacas Y Frijoles Porciones: 1

Tiempo de cocción: 5 minutos

Ingredientes:

1 taza de espinacas frescas

¼ taza de frijoles negros enlatados

½ taza de garbanzos enlatados

½ taza de champiñones cremini

2 cucharadas de vinagreta balsámica orgánica 1 cucharada de aceite de oliva

Direcciones:

1. Cuece los champiñones cremini con el aceite de oliva a fuego medio-bajo durante 5 minutos, hasta que estén ligeramente dorados.

2. Montar la ensalada colocando las espinacas frescas en un plato y espolvorear con las alubias, los champiñones y la vinagreta balsámica.

Información nutricional:Carbohidratos totales 26 g Fibra dietética: 8 g Proteína: 9 g Grasa total: 15 g Calorías: 274

Costra de salmón con nueces y romero

Raciones: 6

Tiempo de cocción: 20 minutos

Ingredientes:

1 diente de ajo finamente picado

1 cucharada de mostaza Dijon

¼ cucharada de ralladura de limón

1 cucharada de jugo de limón

1 cucharada de romero fresco

1/2 cucharada de miel

Aceite de oliva

Perejil fresco

3 cucharadas de nueces picadas

1 libra de salmón sin piel

1 cucharada de pimiento rojo recién molido

Sal pimienta

Rodajas de limón para decorar

3 cucharadas de pan rallado Panko

1 cucharada de aceite de oliva virgen extra

Direcciones:

1. Extienda la bandeja para hornear en el horno y precaliéntelo a 240C.

2. En un tazón, mezcle la pasta de mostaza, el ajo, la sal, el aceite de oliva, la miel, el jugo de limón, el pimiento rojo molido, el romero y el puré.

3. Combine el panko, las nueces y el aceite y coloque rebanadas finas de pescado en la bandeja para hornear. Rocíe aceite de oliva uniformemente en ambos lados del pescado.

4. Coloque la mezcla de nueces encima del salmón con la mezcla de mostaza encima.

5. Hornea el salmón durante casi 12 minutos. Adorne con perejil fresco y rodajas de limón y sirva caliente.

Información nutricional: Calorías 227 Carbohidratos: 0g Grasa: 12g Proteína: 29g

Boniato al horno con salsa tahini roja

Porciones: 4

Tiempo de cocción: 30 minutos

Ingredientes:

15 onzas de garbanzos enlatados

4 batatas medianas

½ cucharada de aceite de oliva

1 pizca de sal

1 cucharada de jugo de lima

1/2 cucharada de comino, cilantro y pimentón en polvo Para la salsa de hierbas con ajo

¼ taza de salsa tahini

½ cucharada de jugo de lima

3 dientes de ajo

Sal al gusto

Direcciones:

1. Precalentar el horno a 204°C. Mezcle los garbanzos en sal, especias y aceite de oliva. Extiéndalos en la hoja de aluminio.

2. Unte los gajos de camote con aceite, colóquelos encima de los frijoles marinados y fríalos hasta que estén tiernos.

3. Para la salsa, mezclar todas las guarniciones en un bol. Agregue un poco de agua, pero manténgalo espeso.

4. Retire las batatas del horno después de 25 minutos.

5. Adorne esta ensalada de garbanzos con boniato al horno con salsa picante de ajo.

<u>Información nutricional:</u>Calorías 90 Carbohidratos: 20g Grasa: 0g Proteína: 2g

Sopa italiana de calabaza de verano Porciones: 4

Tiempo de cocción: 15 minutos

Ingredientes:

3 cucharadas de aceite de oliva virgen extra

1 cebolla roja pequeña, en rodajas finas

1 diente de ajo picado

1 taza de calabacín rallado

1 taza de calabaza amarilla rallada

½ taza de zanahoria rallada

3 tazas de caldo de verduras

1 cucharadita de sal

2 cucharadas de albahaca fresca finamente picada

1 cucharada de cebollín fresco finamente picado

2 cucharadas de piñones

Direcciones:

1. Caliente el aceite a fuego alto en una sartén grande.

2. Agregue la cebolla y el ajo y saltee hasta que se ablanden, de 5 a 7 minutos.

3. Agregue el calabacín, la calabaza amarilla y la zanahoria y cocine hasta que estén tiernos, de 1 a 2 minutos.

4. Agregue el caldo y la sal y cocine. Cocine a fuego lento dentro de 1 a 2 minutos.

5. Agregue la albahaca y las cebolletas y sirva, espolvoreado con los piñones.

Información nutricional:Calorías 172 Grasa total: 15 g Carbohidratos totales: 6 g Azúcar: 3 g Fibra: 2 g Proteína: 5 g Sodio: 1170 mg

Porciones de sopa de azafrán y salmón: 4

Tiempo de cocción: 20 minutos

Ingredientes:

¼ taza de aceite de oliva virgen extra

2 puerros, solo las partes blancas, en rodajas finas

2 zanahorias medianas, en rodajas finas

2 dientes de ajo, en rodajas finas

4 tazas de caldo de verduras

1 libra de filetes de salmón sin piel, cortados en trozos de 1 pulgada 1 cucharadita de sal

¼ de cucharadita de pimienta negra recién molida

¼ de cucharadita de hebras de azafrán

2 tazas de espinacas tiernas

½ taza de vino blanco seco

2 cucharadas de cebolletas picadas, tanto la parte blanca como la verde 2 cucharadas de perejil fresco de hoja plana finamente picadoDirecciones:

1. Caliente el aceite a fuego alto en una sartén grande.

2. Agregue los puerros, las zanahorias y el ajo y cocine hasta que se ablanden, de 5 a 7 minutos.

3. Poner el caldo y hervir.

4. Llevar a fuego lento y agregar el salmón, la sal, la pimienta y el azafrán. Cocine hasta que el salmón esté bien cocido, unos 8 minutos.

5. Agregue la espinaca, el vino, las cebolletas y el perejil y cocine hasta que la espinaca se haya marchitado, de 1 a 2 minutos, luego sirva.

Información nutricional:Calorías 418 Grasa total: 26 g Carbohidratos totales: 13 g Azúcar: 4 g Fibra: 2 g Proteína: 29 g Sodio: 1455 mg

Sopa de champiñones y gambas agridulce con sabor tailandés

Porciones: 6

Tiempo de cocción: 38 minutos

Ingredientes:

3 cucharadas de mantequilla sin sal

1 libra de camarones, pelados y desvenados

2 cucharaditas de ajo picado

Un trozo de raíz de jengibre de 1 pulgada, pelado

1 cebolla mediana, picada

1 chile tailandés rojo, finamente picado

1 tallo de limoncillo

½ cucharadita de ralladura de lima fresca

Sal y pimienta negra recién molida, al gusto 5 tazas de caldo de pollo

1 cucharada de aceite de coco

lb de champiñones cremini, cortados en gajos

1 calabacín verde pequeño

2 cucharadas de jugo de lima fresco

2 cucharadas de salsa de pescado

¼ manojo de albahaca tailandesa fresca, finamente picada

¼ manojo de cilantro fresco, finamente picado

Direcciones:

1. Tome una olla grande, póngala a fuego medio, agregue mantequilla y cuando se derrita, agregue las gambas, el ajo, el jengibre, la cebolla, los chiles, la hierba de limón y la ralladura de lima, sazone con sal y pimienta negra y cocine por 3 minutos.

2. Vierta el caldo, cocine a fuego lento durante 30 minutos, luego cuele.

3. Lleve una sartén grande a fuego medio, agregue aceite y cuando esté caliente agregue los champiñones y el calabacín, sazone con sal y pimienta negra y cocine por 3 minutos.

4. Agregue la mezcla de camarones a la sartén, cocine a fuego lento durante 2 minutos, rocíe con jugo de lima y salsa de pescado y cocine durante 1 minuto.

5. Pruebe para ajustar las especias, retire la sartén del fuego, adorne con cilantro y albahaca y sirva.

Información nutricional: Calorías 223, grasa total 10,2 g, carbohidratos totales 8,7 g, proteína 23 g, azúcar 3,6 g, sodio 1128 mg

Orzo Con Tomates Secos Ingredientes:

1 libra de pechuga de pollo deshuesada, cortada en cubos de 3/4 de pulgada

1 cucharada + 1 cucharadita de aceite de oliva

Sal y pimienta negra molida crujiente

2 dientes de ajo, picados

1/4 tazas (8 oz) de pasta orzo seca

2 3/4 tazas de caldo de pollo bajo en sodio, más variable en ese punto (no use jugos regulares, será demasiado salado) 1/3 taza de tomates secados al sol llenos de aceite con especias (alrededor de 12 partes. Agitar quitar parte del exceso de aceite), finamente picado en un procesador de alimentos

1/2 - 3/4 taza de queso cheddar parmesano finamente rallado, al gusto 1/3 taza de albahaca crujiente partida

Direcciones:

1. Caliente 1 cucharada de aceite de oliva en una fuente para horno a fuego medio.

2. Una vez que el pollo esté brillante, sazone con sal y pimienta y cocine hasta que esté transparente, aproximadamente 3 minutos, luego voltee hacia otros lados y cocine hasta que tenga un color oscuro brillante y esté completamente cocido, aproximadamente 3 minutos. Transfiera el pollo a un plato, cubra con papel aluminio para mantener el calor.

3. Agregue 1 cucharadita de aceite de oliva para freír el plato, agregue el ajo y cocine por 20 segundos, o solo hasta que esté maravillosamente brillante, momento en el que vierta los jugos de pollo mientras raspa los trozos cocidos del fondo de la sartén.

4. Caliente el caldo hasta el punto de ebullición en ese punto, incluida la pasta orzo, reduzca el fuego a medio en una sartén untada con tapa y burbujee suavemente durante 5 minutos, luego destape, mezcle y continúe burbujeando sin tapar hasta que el orzo esté delicado, aproximadamente 5 minutos más, mezclando de vez en cuando (no te preocupes si todavía queda un poco de jugo, le dará un poco de sabor).

5. Cuando la pasta esté cocida, echar el pollo con orzo en ese punto fuera del fuego. Agregue el queso cheddar parmesano y mezcle hasta que se disuelva, momento en el cual agregue los tomates secados al sol, la albahaca y sazone.

con pimienta (no debería necesitar sal, pero agrega un poco si crees que lo necesita).

6. Agrega más jugos para diluir cuando gustes (cuando la pasta reposa absorbe la sobreabundancia de humedad y yo la disfruté con un poco de sobreabundancia así que agregué un poco más). Servir caliente.

Sopa De Champiñones Y Remolacha Porciones: 4

Tiempo de cocción: 40 minutos

Ingredientes:

2 cucharadas de aceite de oliva

1 cebolla amarilla, picada

2 remolachas, peladas y cortadas en cubos grandes

1 libra de champiñones blancos, en rodajas

2 dientes de ajo, picados

1 cucharada de pasta de tomate

5 tazas de caldo de verduras

1 cucharada de perejil picado

Direcciones:

1. Calentar una sartén con el aceite a fuego medio, agregar la cebolla y el ajo y sofreír por 5 minutos.

2. Agregue los champiñones, revuelva y fría por otros 5 minutos.

3. Agregue las remolachas y los demás ingredientes, lleve a ebullición y cocine a fuego medio durante otros 30 minutos, revolviendo ocasionalmente.

4. Sirva la sopa en tazones y sirva.

Información nutricional:calorías 300, grasa 5, fibra 9, carbohidratos 8, proteína 7

Ingredientes de albóndigas de pollo parmesano:

2 libras de pollo molido

3/4 taza de pan rallado panko panko sin gluten funciona muy bien 1/4 taza de cebolla finamente picada

2 cucharadas de perejil picado

2 dientes de ajo finamente picados

preparar 1 limón pequeño alrededor de 1 cucharadita 2 huevos

3/4 taza de Pecorino Romano destruido o queso cheddar parmesano 1 cucharadita de sal real

1/2 cucharadita de pimienta negra molida crujiente

1 litro de salsa marinara cinco minutos

4-6 onzas de queso mozzarella, en rodajas crujientes

Direcciones:

1. Precaliente la estufa a 400 grados y coloque la rejilla en el tercio superior de la parrilla. Coloque todo en un tazón grande excepto la marinara y la mozzarella. Combine suavemente con las manos o con una cuchara grande. Saque y forme pequeñas albóndigas y colóquelas en un plato caliente

forrado con papel de aluminio. Coloque las albóndigas muy juntas en el plato para que encajen. Vierta aproximadamente media cucharada de salsa sobre cada albóndiga. Calentar durante 15 minutos.

2. Retire las albóndigas de la estufa y aumente la temperatura de la parrilla para cocinar. Vierta 1/2 cucharada adicional de salsa sobre cada albóndiga y cubra con un cuadrado de mozzarella. (Corté los cortes pequeños en trozos de aproximadamente 1 pulgada). Tueste por otros 3 minutos, hasta que el queso cheddar se haya ablandado y se haya vuelto brillante. Servir con salsa extra. ¡Agradecer!

Albóndigas Alla Parmigiana Ingredientes:

para las albondigas

1.5 libras de hamburguesa molida (80/20)

2 cucharadas de perejil crujiente, partido

3/4 taza de queso cheddar parmesano rallado

1/2 taza de harina de almendras

2 huevos

1 cucharadita de sal en forma

1/4 cucharadita de pimienta negra molida

1/4 cucharadita de ajo en polvo

1 cucharadita de gotas de cebolla seca

1/4 cucharadita de orégano seco

1/2 taza de agua tibia

Para la parmesana

1 taza de salsa keto marinara simple (o una marinara local sin azúcar)

4 onzas de mozzarella cheddar

Direcciones:

1. Coloque todas las albóndigas en un tazón grande y mezcle bien.

2. Estructurar en quince albóndigas de 2".

3. Cocine a 350 grados (F) durante 20 minutos O saltee en una sartén grande a fuego medio hasta que estén tiernos. Un consejo: intente dorar en aceite de tocino si lo tiene, contiene un grado diferente de sabor. Fricasseeing produce la brillante variedad de color oscuro que se ve en las fotos de arriba.

4. Para la parmesana:

5. Encuentra las albóndigas cocidas en un plato apto para estufa.

6. Vierta aproximadamente 1 cucharada de salsa sobre cada albóndiga.

7. Unte cada uno con aproximadamente 1/4 oz de mozzarella cheddar.

8. Cocine a 350 grados (F) durante 20 minutos (40 minutos si las albóndigas están listas) o hasta que se caliente por completo y el queso cheddar esté brillante.

9. Decora con perejil nuevo cuando quieras.

Pechuga De Pavo En Sartén Con Verduras Doradas

Porciones: 4

Tiempo de cocción: 45 minutos

Ingredientes:

2 cucharadas de mantequilla sin sal, a temperatura ambiente 1 calabaza bellota mediana, sin semillas y en rodajas finas 2 remolachas doradas grandes, peladas y en rodajas finas ½ cebolla amarilla mediana, en rodajas finas

½ pechuga de pavo deshuesada (1 a 2 libras) 2 cucharadas de miel

1 cucharadita de sal

1 cucharadita de cúrcuma

¼ de cucharadita de pimienta negra recién molida

1 taza de caldo de pollo o caldo de verduras

Direcciones:

1. Precaliente el horno a 400 ° F. Engrase la bandeja para hornear con la mantequilla.

2. Coloque la calabaza, la remolacha y la cebolla en una sola capa sobre la bandeja para hornear. Coloque el pavo con la piel hacia arriba. Rocíe con la miel.

Sazone con sal, cúrcuma y pimienta y agregue el caldo.

3. Ase hasta que el pavo registre 165°F en el centro con un termómetro de lectura instantánea, de 35 a 45 minutos. Retirar y dejar reposar durante 5 minutos.

4. Cortar y servir.

Información nutricional: Calorías 383 Grasa total: 15 g Carbohidratos totales: 25 g Azúcar: 13 g Fibra: 3 g Proteína: 37 g Sodio: 748 mg

Curry verde de coco con arroz hervido

Raciones: 8

Tiempo de cocción: 20 minutos

Ingredientes:

2 cucharadas de aceite de oliva

12 onzas de tofu

2 batatas medianas (picadas)

Sal al gusto

314 onzas de leche de coco

4 cucharadas de pasta de curry verde

3 tazas de floretes de brócoli

Direcciones:

1. Retire el exceso de agua del tofu y fríalo a fuego medio. Agregue sal y cocine por 12 minutos.

2. Hierva la leche de coco, la pasta de curry verde y la batata a fuego medio y cocine a fuego lento durante 5 minutos.

3. Ahora agregue el brócoli y el tofu y cocine por casi 5 minutos hasta que el brócoli cambie de color.

4. Sirva este coco y curry verde con un puñado de arroz cocido y muchas pasas por encima.

<u>Información nutricional:</u>Calorías 170 Carbohidratos: 34g Grasa: 2g Proteína: 3g

Sopa De Camote Y Pollo Con Lentejas

Porciones: 6

Tiempo de cocción: 35 minutos

Ingredientes:

10 tallos de apio

1 pollo casero o pollo asado

2 batatas medianas

5 onzas de lentejas francesas

2 cucharadas de jugo de lima fresco

escarola del tamaño de un bocado

6 dientes de ajo en rodajas finas

½ taza de eneldo (finamente picado)

1 cucharada de sal kosher

2 cucharadas de aceite virgen extra

Direcciones:

1. Agregue sal, carcasa de pollo, lentejas y batatas en 8 onzas de agua y cocine a fuego alto.

2. Hierva estos artículos durante casi 10-12 minutos y vierta toda la espuma encima.

3. Cocine el ajo y el apio en aceite durante casi 10 minutos hasta que estén suaves

y ligeramente dorado, luego agregue el pollo asado desmenuzado.

4. Agregue esta mezcla a la sopa de escarola y revuelva continuamente durante 5

minutos a fuego medio.

5. Agregue jugo de limón y agregue el eneldo. Sirva la sopa caliente con sal.

Información nutricional:Calorías 310 Carbohidratos: 45g Grasa: 11g Proteína: 13g

Tortitas De Avena Porciones: 1

Tiempo de cocción: 10 minutos

Ingredientes:

huevo - 1

Avena, molida - 0.5 taza

Leche de almendras - 2 cucharadas

Bicarbonato de sodio - 0.125 cucharadita

Polvo de hornear – 0.125 cucharadita

extracto de vainilla - 1 cucharadita

Pasta de dátiles - 1 cucharadita

Direcciones:

1. Caliente su plancha o sartén antiadherente a fuego medio mientras prepara los panqueques.

2. Ponga la avena en su licuadora o procesador de alimentos y tritúrela hasta que se convierta en harina finamente molida. Agrégalas a un bowl, bátelas con el polvo de hornear y el bicarbonato de sodio.

3. En otro bol de cocina, bate el huevo junto con la leche de almendras, la pasta de dátiles y el extracto de vainilla hasta que se integren por completo. Agregue la mezcla de huevo endulzado/leche de almendras a la mezcla de avena y mezcle hasta que se mezclen.

4. Engrasa tu sartén y vierte la masa sobre la masa para panqueques, dejando un pequeño espacio entre cada panqueque. Deje que sus panqueques se cocinen durante unos dos o tres minutos, hasta que estén dorados y burbujeantes.

Voltee los panqueques con cuidado y cocine el otro lado durante unos minutos hasta que estén dorados.

5. Retira las tortitas del fuego y sírvelas con tu elección de fruta, yogur, compota o jarabe de fruta de monje con sabor a arce de Lakanto.

Porciones de avena con arce: 4

Tiempo de cocción: 20 minutos

Ingredientes:

Sabor arce, una cucharadita

Canela, una cucharadita

Semillas de girasol, tres cucharadas

pecanas, 1/2 taza picadas

Copos de coco, sin azúcar, 1/4 taza de nueces, 1/2 taza picadas

Leche, almendra o coco, media taza

Semillas de chía, cuatro cucharadas

Direcciones:

1. Triture las semillas de girasol, las nueces y las pecanas en un procesador de alimentos para desmenuzarlas. O simplemente puede colocar las nueces en una bolsa de plástico resistente, envolver la bolsa en una toalla, colocarla sobre una superficie firme y golpear la toalla con un martillo hasta que las nueces se desmoronen. Mezcla las nueces molidas con el resto de los ingredientes y viértelos en una cacerola grande.

Cocine a fuego lento esta mezcla a fuego lento durante treinta minutos. Remueve a menudo para que la mezcla no se pegue al fondo. Sirva adornado con fruta fresca o una pizca de canela si lo desea.

Información nutricional:Calorías 374 carbohidratos 3,2 gramos proteína 9,25 gramos grasa 34,59 gramos

Batido de kiwi y fresa Porciones: 1

Tiempo de cocción: 0 minutos

Ingredientes:

Kiwi, pelado y picado, uno

Fresas, frescas o congeladas, 1/2 taza Leche picada, almendra o coco, 1 taza

Albahaca, molida, 1 cucharadita

Cúrcuma, una cucharadita

Plátano, cortado en cubitos, uno

Semilla de chía en polvo, 1/4 taza

Direcciones:

1. Beba inmediatamente después de que todos los ingredientes estén bien mezclados.

Información nutricional:Calorías 250 azúcar 9,9 gramos grasa 1 gramo gramos 34

fibra de carbohidratos 4.3 gramos

Gachas De Linaza Con Canela Porciones: 4

Tiempo de cocción: 5 minutos

Ingredientes:

1 cucharadita de canela

1½ cucharadita de stevia

1 cucharada de mantequilla sin sal

2 cucharadas de harina de linaza

2 cucharadas de avena con linaza

½ taza de coco rallado

1 taza de crema espesa

2 tazas de agua

Direcciones:

1. Tome una cacerola mediana, póngala a fuego lento, agregue todos los ingredientes, revuelva hasta que se mezclen y hierva la mezcla.

2. Cuando la mezcla hierva, retire la cacerola del fuego, revuelva bien y divida en partes iguales entre cuatro tazones.

3. Dejar reposar la papilla durante 10 minutos hasta que espese un poco y luego servir.

<u>Información nutricional:</u>Calorías 171, grasa total 16 g, carbohidratos totales 6 g, proteína 2 g

Barras de desayuno de camote y arándanos

Porciones: 8

Tiempo de cocción: 40 minutos

Ingredientes:

1 ½ tazas de puré de camote

2 cucharadas de aceite de coco, derretido

2 cucharadas de jarabe de arce

2 huevos, criados en pasto

1 taza de harina de almendras

1/3 taza de harina de coco

1 ½ cucharadita de levadura en polvo

1 taza de arándanos frescos, sin hueso y picados

¼ taza de agua

Direcciones:

1. Precaliente el horno a 3500F.

2. Engrase un molde para hornear de 9 pulgadas con aceite de coco. Poner a un lado.

3. En un tazón para mezclar. Combine el puré de batata, el agua, el aceite de coco, el jarabe de arce y los huevos.

4. Tamizar la harina de almendras, la harina de coco y el polvo de hornear en otro recipiente.

5. Agregue gradualmente los ingredientes secos a los ingredientes húmedos. Use una espátula para doblar y mezclar todos los ingredientes.

6. Vierta en el molde para hornear preparado y presione los arándanos encima.

7. Coloque en el horno y hornee por 40 minutos o hasta que al insertar un palillo en el centro, éste salga limpio.

8. Deje reposar o enfriar antes de retirar de la sartén.

Información nutricional:Calorías 98Grasa total 6gGrasa saturada 1gCarbohidratos totales 9gCarbohidratos netos 8,5gProteína 3gAzúcar: 7gFibra: 0,5gSodio: 113

mgPotasio 274mg

Porciones de avena horneada con especias de calabaza: 6

Tiempo de cocción: 35 minutos

Ingredientes:

Avena – 1.5 tazas

Leche de almendras, sin azúcar – 0.75 taza

huevo - 1

Edulcorante de fruta de monje Lakanto - 0.5 taza

puré de calabaza - 1 taza

extracto de vainilla - 1 cucharadita

Pacanas, picadas - 0.75 taza

polvo de hornear - 1 cucharadita

Sal marina - 0.5 cucharadita

Especias para pastel de calabaza - 1.5 cucharaditas

Direcciones:

1. Caliente su horno a 350 grados Fahrenheit y engrase una fuente para hornear de ocho por ocho.

2. En un tazón, mezcle la avena, la leche de almendras, los huevos y otros ingredientes hasta que la masa de avena esté completamente mezclada. Vierta la mezcla de avena con especias de calabaza en su molde engrasado y colóquelo en el centro de su horno.

3. Hornee su avena durante unos veinticinco a treinta minutos hasta que esté dorada y lista. Retire la avena horneada con especias de calabaza del horno y déjela enfriar durante cinco minutos antes de servir. Disfrútalo tibio solo o con tu fruta y yogur favoritos.

Revuelto de espinacas y tomate Porciones: 1

Ingredientes:

1 cucharadita aceite de oliva

1 cucharadita albahaca fresca picada

1 tomate en rodajas medianas

C. queso suizo

2 huevos

½ cucharadita pimienta de cayena

C. espinacas empacadas picadas

Direcciones:

1. En un tazón pequeño, mezcle los huevos, la albahaca, la pimienta y el queso suizo.

2. Coloque una sartén mediana a fuego medio y caliente el aceite.

3. Agregue el tomate y cocine por 3 minutos. Agregue la espinaca y cocine por 2 minutos o hasta que comience a marchitarse.

4. Vierta los huevos batidos y revuelva durante 2 a 3 minutos o hasta el punto de cocción deseado.

5. Disfruta.

<u>Información nutricional:</u>Calorías: 230, Grasas: 14,3 g, Carbohidratos: 8,4 g, Proteínas: 17,9

Batido de raíz tropical, jengibre y cúrcuma

Porciones: 1

Tiempo de cocción: 0 minutos

Ingredientes:

1 naranja sanguina, pelada y sin semillas

1 zanahoria grande, pelada y picada

½ taza de trozos de mango congelado

2/3 taza de agua de coco

1 cucharada de semillas de cáñamo crudas

¾ cucharadita de jengibre rallado

1 ½ cucharadita de cúrcuma pelada y rallada

Una pizca de pimienta de cayena

Una pizca de sal

Direcciones:

1. Coloque todos los ingredientes en una licuadora y mezcle hasta que quede suave.

2. Refrigere antes de servir.

Información nutricional: Calorías 259 Grasa total 6 g Grasa saturada 0,9 g Carbohidratos totales 51 g Carbohidratos netos 40 g Proteína 7 g Azúcar: 34 g Fibra: 11 g Sodio: 225 mg Potasio 1319 mg

Tostada Francesa Con Vainilla Y Canela

Porciones: 4

Ingredientes:

½ cucharadita canela

3 huevos grandes

1 cucharadita vainilla

8 rebanadas de pan integral

2 cucharadas. Leche desnatada

Direcciones:

1. Primero, precaliente una bandeja para hornear a 3500F.

2. Combine la vainilla, los huevos, la leche y la canela en un tazón pequeño y bata hasta que quede suave.

3. Vierta en un plato o fuente de fondo plano.

4. Sumerja el pan en la mezcla de huevo, déle la vuelta para cubrir ambos lados y colóquelo en la bandeja para hornear caliente.

5. Cocine por unos 2 minutos o hasta que el fondo esté ligeramente dorado, luego voltee y cocine por el otro lado.

Información nutricional:Calorías: 281,0, Grasas: 10,8 g, Carbohidratos: 37,2 g, Proteínas: 14,5 g, Azúcares: 10 g, Sodio: 390 mg.

Barco de Aguacate Desayuno Porciones: 2

Tiempo de cocción: 7 minutos

Ingredientes:

2 aguacates, partidos por la mitad y sin hueso

¼ de cebolla picada

2 tomates, en trozos

1 pimiento, picado

2 cucharadas de cilantro, finamente picado

Pimienta al gusto

4 huevos

Direcciones:

1. Retire la pulpa del aguacate y pique finamente.

2. Colocar en un bol.

3. Agregue el resto de los ingredientes excepto.

4. Refrigere por 30 minutos.

5. Rompe el huevo sobre la cáscara del aguacate.

6. Precaliente su freidora de aire a 350 grados F.

7. Freír al aire durante 7 minutos.

8. Cubra con salsa de aguacate.

Porciones de hachís de pavo: 4

Tiempo de cocción: 15 minutos

Ingredientes:

1 libra de pavo molido

½ cucharadita de tomillo seco

1 cucharada de aceite de coco, derretido

½ cucharadita de canela molida

Para el hachís:

1 cebolla amarilla, picada

1 cucharada de aceite de coco, derretido

1 calabacín, en trozos

½ taza de zanahorias ralladas

2 tazas de calabaza moscada, cortada en cubitos

1 manzana, sin corazón, pelada y cortada en cubitos

2 tazas de espinacas tiernas

1 cucharadita de jengibre molido

1 cucharadita de canela molida

½ cucharadita de ajo en polvo

½ cucharadita de cúrcuma en polvo

½ cucharadita de tomillo seco

Direcciones:

1. Caliente una sartén con 1 cucharada de aceite de coco a fuego medio. Agregue el pavo, ½ cucharadita de tomillo y ½ cucharadita de canela molida. Mezcle y cocine por 5 minutos y luego transfiéralo a un tazón. Vuelva a calentar la sartén con 1 cucharada de aceite de coco a fuego medio. Agregue la cebolla, revuelva y cocine por 2 minutos. Agregue el calabacín, las zanahorias, la calabaza, la manzana, el jengibre, 1 cucharadita de canela, . por favor

cucharadita de tomillo, cúrcuma y ajo en polvo. Revuelva y cocine por 3-4

minutos. Regrese la carne a la sartén, agregue las espinacas baby también. Mezcle todo y cocine por otros 1-2 minutos, luego divida todo entre platos y sirva para el desayuno.

2. ¡Disfruta!

<u>Información nutricional:</u>calorías 212, grasa 4, fibra 6, carbohidratos 8, proteína 7.

Avena cortada al acero con kéfir y bayas

Porciones: 4

Tiempo de cocción: 30 minutos

Ingredientes:

Para la avena:

1 taza de avena cortada en acero

3 tazas de agua

pizca de sal

Para cubrir Opcional:

frutas/bayas frescas o congeladas

un puñado de almendras fileteadas, semillas de cáñamo, pepitas u otras nueces/semillas

kéfir sin azúcar, hecho en casa/comprado

un chorrito de sirope de arce, un poco de azúcar de coco, unas gotas de stevia u otro edulcorante al gustoDirecciones:

1. Agregue la avena/coloque en una cacerola pequeña y a fuego medio. Haga tostar la sartén, revolviendo o sacudiendo con frecuencia, durante 2-3 minutos.

2. Añadir el agua y llevar a ebullición. Baje el fuego y deje que se cocine durante unos 25 minutos, o hasta que la avena esté lo suficientemente tierna para satisfacerlo. Sirva con bayas, nueces/semillas, un chorrito de kéfir y cualquier edulcorante al gusto. ¡Cavar en!

<u>Información nutricional:</u>Calorías 150 Carbohidratos: 27g Grasa: 3g Proteína: 4g

Fabuloso espagueti de calabaza con queso y pesto de albahaca

Porciones: 2

Tiempo de cocción: 35 minutos

Ingredientes:

1 taza de calabaza espagueti cocida, escurrida

Sal y pimienta negra recién molida, al gusto ½ cucharada de aceite de oliva

¼ taza de queso ricotta, sin azúcar

2 oz de queso mozzarella fresco, en cubos

1/8 taza de pesto de albahaca

Direcciones:

1. Encienda el horno, ajuste la temperatura a 375°F y deje que se precaliente.

2. Mientras tanto, tome un tazón mediano, agregue la calabaza espagueti y sazone con sal y pimienta negra.

3. Tome una fuente para horno, engrásela con aceite, agregue la mezcla de calabaza, cubra con ricotta y mozzarella y hornee por 10

minutos hasta que esté cocido.

4. Cuando termine, retire la cacerola del horno, rocíe con su pesto y sirva de inmediato.

Información nutricional:Calorías 169, grasa total 11,3 g, carbohidratos totales 6,2 g, proteína 11,9 g, azúcar 0,1 g, sodio 217 mg

Batido salado de naranja y durazno Porciones: 2

Ingredientes:

2 c. duraznos picados

2 cucharadas. yogur sin azúcar

Jugo de 2 naranjas

Direcciones:

1. Comience quitando las semillas y la piel de los melocotones. Picar y dejar unos trocitos de durazno para decorar.

2. Coloque el melocotón picado, el jugo de naranja y el yogur en una licuadora y mezcle hasta que quede suave.

3. Opcionalmente, puede agregar un poco de agua para diluir el batido.

4. ¡Vierta en vasos de vidrio y disfrute!

Información nutricional:Calorías: 170, Grasas: 4,5 g, Carbohidratos: 28 g, Proteínas: 7 g, Azúcares: 23 g, Sodio: 101 mg

Muffins de plátano y mantequilla de almendras

Porciones: 6

Tiempo de cocción: 30 minutos

Ingredientes:

Avena - 1 taza

Sal marina - 0,25 cucharadita

Canela, molida - 0.5 cucharadita

polvo de hornear - 1 cucharadita

Mantequilla de almendras - 0.75 taza

Plátano, puré - 1 taza

Leche de almendras, sin azúcar - 0,5 cucharadas

Extracto de vainilla - 2 cucharaditas

Huevos – 2

Edulcorante de fruta de monje Lakanto - 0.25 taza

Direcciones:

1. Calienta tu horno a 350 grados Fahrenheit y forra un molde para muffins con papel protector o grasa si lo prefieres.

2. En un tazón de cocina, mezcle el puré de plátano junto con la mantequilla de almendras, la leche de almendras sin azúcar, los huevos, el extracto de vainilla y el edulcorante de fruta del monje. En un tazón de cocina separado, combine la avena, las especias y el polvo de hornear. Una vez que la mezcla de harina esté completamente mezclada, vierta en el tazón con el puré de plátano e incorpore la mezcla de mantequilla de almendras/plátano y las mezclas de avena hasta que se mezclen.

3. Divida la masa de muffins entre las doce cajas de papel, llenando cada cavidad de muffins aproximadamente tres cuartos de su capacidad. Coloque el molde para panecillos con mantequilla de plátano y almendras en el medio de su horno caliente y déjelos cocinar hasta que estén listos y listos. Están listos una vez que se inserta un palillo en el centro y se retira limpiamente.

Esto toma alrededor de veinte a veinticinco minutos.

4. Deje que los muffins de plátano y mantequilla de almendras se enfríen antes de servirlos y disfrute.

Gachas de desayuno Porciones: 1

Tiempo de cocción: 0 minutos;

Ingredientes:

6 cucharadas de requesón orgánico

3 cucharadas de linaza

3 cucharadas de aceite de linaza

2 cucharadas de mantequilla de almendras cruda orgánica

1 cucharada de pulpa de coco orgánico

1 cucharada de miel cruda

¼ taza de agua

Direcciones:

1. Combine todos los ingredientes en un tazón. Mezcle hasta que esté bien combinado.

2. Transfiera a un tazón y deje enfriar antes de servir.

Información nutricional:Calorías 632Grasa total 49gGrasa saturada 5gCarbohidratos totales 32gCarbohidratos netos 26gProteína 23gAzúcar: 22g Fibra: 6gSodio: 265mg Potasio 533mg

Banana Bread Overnight Oats Porciones: 3

Tiempo de cocción: 0 minutos

Ingredientes:

¼ taza de yogur griego natural

¼ de cucharadita de sal marina en escamas

1½ tazas de leche descremada

1 taza de avena a la antigua

1 cucharada de semillas de chía

2 plátanos medianos, muy maduros y machacados

2 cucharadas de hojuelas de coco, sin azúcar y tostadas 2 cucharadas de miel

2 cucharaditas de extracto de vainilla

Ingredientes para servir: nueces tostadas, semillas de granada, miel, mitades de higo y rodajas de plátano

Direcciones:

1. Revuelva todos los ingredientes excepto las coberturas en un tazón para mezclar. Mezclar bien hasta que todo esté bien mezclado. Divida la mezcla de manera uniforme entre dos tazones para servir.

2. Cubra y refrigere durante la noche o 6 horas.

3. Para servir, revuelva y cubra con los ingredientes.

Información nutricional:Calorías 684 Grasa: 22,8 g Proteína: 34,2 g Sodio: 374 mg Carbohidratos totales: 99,6 g Fibra dietética: 14,1 g

Tazón de Choco Chía y Plátano Porciones: 3

Tiempo de cocción: 0 minutos

Ingredientes:

½ taza de semillas de chía

1 plátano grande, muy maduro

½ cucharadita de extracto puro de vainilla

2 tazas de leche de almendras, sin azúcar

1 cucharada de cacao en polvo

2 cucharadas de miel cruda o jarabe de arce

2 cucharadas de nibs de cacao para mezclar

2 cucharadas de chispas de chocolate para mezclar

1 plátano grande, en rodajas para mezclar

Direcciones:

1. Combine las semillas de chía y el plátano en un tazón. Triture el plátano con un tenedor y mezcle bien hasta que esté bien mezclado. Agrega la vainilla y la leche de almendras. Batir hasta que no aparezcan más grumos.

2. Vierta la mitad de la mezcla en un recipiente de vidrio y cubra. Agregue el cacao y el jarabe a la mitad restante de la mezcla en el tazón. Mezcle bien hasta que esté completamente incorporado. Vierta esta mezcla en otro recipiente de vidrio y tápelo. Refrigerar por al menos 4 horas.

3. Para servir, divida los budines de chía fríos en partes iguales entre tres tazones para servir. Alterne las capas con los ingredientes antes de mezclar.

Información nutricional:Calorías 293 Grasa: 9,7 g Proteína: 14,6 g Sodio: 35 mg Carbohidratos totales: 43,1 g

Batido antiinflamatorio de cereza y espinaca

Porciones: 1

Tiempo de cocción: 0 minutos

Ingredientes:

1 taza de kéfir simple

1 taza de cerezas congeladas, sin hueso

½ taza de hojas de espinaca tierna

¼ taza de puré de aguacate maduro

1 cucharada de mantequilla de almendras

1 pieza de jengibre pelado (1/2 pulgada)

1 cucharadita de semillas de chía

Direcciones:

1. Coloque todos los ingredientes en una licuadora.

2. Pulse hasta que quede suave.

3. Deje reposar en el refrigerador antes de servir.

Información nutricional: Calorías 410 Grasa total 20g Grasa saturada 4g Carbohidratos totales 47g Carbohidratos netos 37g Proteína 17g Azúcar: 33g Fibra: 10g Sodio: 169mg Potasio 1163mg

Shakshuka picante Porciones: 4

Tiempo de cocción: 37 minutos

Ingredientes:

2 cucharadas de aceite de oliva virgen extra

1 bulbo de cebolla, finamente picado

1 jalapeño, sin semillas y finamente picado

2 dientes de ajo, picados

1 libra de espinacas

Sal y pimienta negra recién molida

¾ cucharadita de cilantro

1 cucharadita de comino seco

2 cucharadas de pasta de harissa

½ taza de caldo de verduras

8 huevos grandes

Hojuelas de pimiento rojo, para servir

Cilantro picado para servir

Perejil picado para servir

Direcciones:

1. Precaliente su horno a 350°F.

2. Caliente el aceite en una sartén resistente al horno a fuego medio. Incorporar la cebolla y sofreír durante 5 minutos.

3. Agregue el jalapeño y el ajo y cocine por un minuto, o hasta que estén fragantes. Agregue las espinacas y cocine por 5 minutos, o hasta que las hojas se marchiten por completo.

4. Sazone la mezcla con sal y pimienta, cilantro, comino y harissa. Cocine por otro 1 minuto.

5. Transfiera la mezcla a su procesador de alimentos - haga un puré hasta obtener una consistencia espesa. Vierta el caldo y haga puré hasta que quede suave.

6. Limpie y engrase la misma sartén con spray antiadherente para cocinar.

Vierta la mezcla de puré. Usando una cuchara de madera, forme ocho pocillos redondos.

7. Con cuidado rompa cada huevo en los pocillos. Coloque la sartén en el horno—

Hornea durante 25 minutos, o escalfa los huevos hasta que estén completamente cuajados.

8. Antes de servir, espolvorea el shakshuka con hojuelas de pimiento rojo, cilantro y perejil al gusto.

Información nutricional: Calorías 251 Grasa: 8,3 g Proteína: 12,5 g Sodio: 165 mg Carbohidratos totales: 33,6 g

Golden Milk 5 minutos porciones: 1

Tiempo de cocción: 4 minutos

Ingredientes:

1 1/2 tazas de leche de coco ligera

1 1/2 tazas de leche de almendras sin azúcar

1 1/2 cucharadita de cúrcuma molida

1/4 cucharadita de jengibre molido

1 rama de canela entera

1 cucharada de aceite de coco

1 pizca de pimienta negra molida

Endulzante de su elección (es decir, azúcar de coco, jarabe de arce o stevia al gusto)

Direcciones:

1. Agregue la leche de coco, la cúrcuma molida, la leche de almendras, el jengibre molido, la rama de canela, el aceite de coco, la pimienta negra y el edulcorante favorito a una cacerola pequeña.

2. Batir para mezclar y calentar a fuego medio. Caliente hasta que esté caliente, pero no hierva, unos 4 minutos, revolviendo con frecuencia.

3. Apague el fuego y pruebe para cambiar el sabor. Para hierbas fuertes + al gusto, agregue más edulcorante al gusto, o más cúrcuma o jengibre.

4. Sirva inmediatamente, rompa entre dos copas y deje atrás la rama de canela. Mejor fresco, aunque las sobras se pueden almacenar en el refrigerador durante 2-3 días. Calienta a temperatura en la estufa o en el microondas.

Información nutricional:Calorías 205 Grasa: 19,5 g Sodio: 161 mg Carbohidratos: 8,9 g Fibra: 1,1 g Proteína: 3,2 g

Porciones de avena para el desayuno: 1

Tiempo de cocción: 8 minutos

Ingredientes:

2/3 taza de leche de coco

1 clara de huevo, criado en pasto

½ taza de avena de cocción rápida sin gluten

½ cucharadita de cúrcuma en polvo

½ cucharadita de canela

¼ de cucharadita de jengibre

Direcciones:

1. Coloque la leche vegetal en una cacerola y caliente a fuego medio.

2. Agregue las claras de huevo y continúe batiendo hasta que la mezcla esté suave.

3. Agregue los ingredientes restantes y cocine por otros 3 minutos.

Información nutricional:Calorías 395Grasa total 34gGrasa saturada 7gCarbohidratos totales 19gCarbohidratos netos 16gProteína 10gAzúcar: 2gFibra: 3gSodio: 76mgPotasio 459mg

Donas de proteína de cúrcuma sin hornear

Porciones: 8

Tiempo de cocción: 0 minutos

Ingredientes:

1 ½ tazas de anacardos crudos

½ taza de dátiles medjool, sin hueso

1 cucharada de proteína de vainilla en polvo

½ taza de coco rallado

2 cucharadas de jarabe de arce

¼ de cucharadita de extracto de vainilla

1 cucharadita de cúrcuma en polvo

¼ taza de chocolate amargo

Direcciones:

1. Combine todos los ingredientes excepto el chocolate en un procesador de alimentos.

2. Pulse hasta que quede suave.

3. Enrolle la masa en 8 bolas y presiónelas en un molde de silicona para donas.

4. Colóquelo en el congelador durante 30 minutos para que cuaje.

5. Mientras tanto, prepara la cobertura de chocolate derritiendo el chocolate al baño maría.

6. Cuando las donas hayan fraguado, retírelas del molde y rocíe con chocolate.

Información nutricional:Calorías 320Grasa total 26gGrasa saturada 5gCarbohidratos totales 20gCarbohidratos netos 18gProteína 7gAzúcar: 9gFibra: 2gSodio: 163

mgPotasio 297mg

Frittata de queso cheddar y col rizada

Porciones: 6

Ingredientes:

1/3 c. cebollas de primavera en rodajas

¼ de cucharadita pimienta

1 pimiento rojo cortado en cubitos

C. leche desnatada

1 c. queso cheddar bajo en grasa fuerte rallado

1 cucharadita aceite de oliva

5 onzas col rizada y espinacas

12 huevos

Direcciones:

1. Precaliente el horno a 375 0F.

2. Engrase una fuente de horno de vidrio con aceite de oliva.

3. En un bol, bate bien todos los ingredientes, excepto el queso.

4. Vierta la mezcla de huevo en el plato preparado y hornee por 35 minutos.

5. Retirar del horno y espolvorear con queso y rallar 5

minutos.

6. Retire del horno y deje reposar durante 10 minutos.

7. Cortar en trozos y disfrutar.

<u>Información nutricional:</u>Calorías: 198, Grasas: 11,0 g, Carbohidratos: 5,7 g, Proteínas: 18,7

g, Azúcares: 1 g, Sodio: 209 mg.

Frittata Mediterránea Porciones: 6

Tiempo de cocción: 20 minutos

Ingredientes:

huevos, seis

Queso feta, desmenuzado, 1/4 taza

Pimienta negra, un cuarto de cucharadita

Aceite, spray o oliva

Orégano, una cucharadita

Leche, almendra o coco, un cuarto de taza

Sal marina, una cucharadita

Aceitunas negras, picadas, 1/4 taza

Aceitunas verdes, picadas, 1/4 taza

Tomates, cortados en cubitos, un cuarto de taza

Direcciones:

1. Precaliente el horno a 400. Engrase una fuente para hornear de 8 x 8 pulgadas.

Mezclar la leche con los huevos y luego agregar los demás ingredientes. Verter toda esta mezcla en la fuente de horno y hornear durante veinte minutos.

Información nutricional: Calorías 107 azúcares 2 gramos de grasa 7 gramos de carbohidratos 3

gramos de proteína 7 gramos

Granola De Alforfón, Canela Y Jengibre

Porciones: 5

Tiempo de cocción: 40 minutos

Ingredientes:

¼ taza de semillas de chía

½ taza de hojuelas de coco

1 ½ tazas de nueces crudas mixtas

2 tazas de avena sin gluten

1 taza de sémola de trigo sarraceno

2 cucharadas de mantequilla de nuez

4 cucharadas de aceite de coco

1 taza de semillas de girasol

½ taza de semillas de calabaza

1 trozo de jengibre de 2 pulgadas

1 cucharadita de canela molida

1/3 taza de jarabe de malta de arroz

4 cucharadas de cacao crudo en polvo – Opcional

Direcciones:

1. Precalentar el horno a 180C

2. Muela las nueces en su procesador de alimentos y muélalas rápidamente para picarlas en trozos grandes. Coloque las nueces picadas en un tazón y agregue todos los demás ingredientes secos que se combinan bien: avena, coco, canela, trigo sarraceno, semillas y sal en una cacerola a fuego lento, derrita suavemente el aceite de coco.

3. Agregue el cacao en polvo (si lo usa) a la mezcla húmeda y mezcle. Vierta la masa húmeda sobre la mezcla seca y mezcle bien para asegurarse de que todo esté cubierto. Transfiera la mezcla a una bandeja para hornear ancha forrada con papel encerado o aceite de coco engrasado. Asegúrese de esparcir la mezcla de manera uniforme durante 35-40 minutos y dé vuelta a la mitad. ¡Hornea hasta que la granola esté fresca y dorada!

4. Sírvelo con tu leche de nuez favorita, una cucharada de yogur de coco, fruta fresca y superalimentos: bayas de goji, semillas de lino, polen de abeja, ¡lo que quieras! Mézclalo todos los días.

Información nutricional:Calorías 220 Carbohidratos: 38g Grasa: 5g Proteína: 7g

Panqueques De Cilantro Porciones: 6

Tiempo de cocción: 6-8 minutos

Ingredientes:

½ taza de harina de tapioca

½ taza de harina de almendras

½ cucharadita de chile en polvo

¼ de cucharadita de cúrcuma molida

Sal y pimienta negra recién molida, al gusto 1 taza de leche de coco entera

½ cebolla roja, picada

1 pieza (½ pulgada) de jengibre fresco, finamente rallado 1 chile serrano, finamente picado

½ taza de cilantro fresco, picado

Aceite según sea requiera

Direcciones:

1. En un tazón grande, combine la harina y las especias.

2. Agregue la leche de coco y mezcle hasta que esté bien mezclado.

3. Agregue la cebolla, el jengibre, el chile serrano y el cilantro.

4. Engrase ligeramente una sartén antiadherente grande con aceite y caliente a fuego medio.

5. Agregue aproximadamente ¼ de taza de la mezcla e incline la sartén para distribuirla uniformemente en la sartén.

6. Freír durante unos 3-4 minutos por ambos lados.

7. Repita con toda la mezcla restante.

8. Sirva con la cobertura que desee.

<u>Información nutricional:</u>Calorías: 331, Grasa: 10g, Carbohidratos: 37g, Fibra: 6g, Proteína: 28g

Batido de frambuesa y toronja Porciones: 1

Tiempo de cocción: 0 minutos

Ingredientes:

Jugo de 1 toronja, recién exprimido

1 plátano, pelado y en rodajas

1 taza de frambuesas

Direcciones:

1. Coloque todos los ingredientes en una licuadora y pulse hasta que quede suave.

2. Refrigere antes de servir.

Información nutricional: Calorías 381 Grasa total 0,8 g Grasa saturada 0,1 g Carbohidratos totales 96 g Carbohidratos netos 85 g Proteína 4 g Azúcar: 61 g Fibra: 11 g Sodio: 11 mg Potasio 848 mg

Granola con mantequilla de maní Porciones: 8

Tiempo de cocción: 25 minutos

Ingredientes:

Avena – 2 tazas

Canela - 0.5 cucharadita

Mantequilla de maní, natural con sal - 0.5 taza

Pasta de dátiles - 1,5 cucharadas

Chispas de chocolate negro de Lily - 0.5 taza

Direcciones:

1. Caliente el horno a 300 grados Fahrenheit y cubra una bandeja para hornear con toallas de papel o un tapete de cocina de silicona.

2. En un tazón, mezcle la pasta de dátiles, la canela y la mantequilla de maní, luego agregue la avena, revolviendo hasta que la avena esté completamente cubierta. Extienda esta mezcla endulzada y especiada en una capa delgada de manera uniforme sobre la bandeja para hornear.

3. Coloque la granola de mantequilla de maní en el horno y hornee durante veinte minutos, revolviendo bien a la mitad del tiempo de cocción para evitar que se cocine de manera desigual y se queme.

4. Retire la granola del horno y déjela enfriar a temperatura ambiente antes de agregar las chispas de chocolate. Transfiera la granola de mantequilla de maní a un recipiente hermético para almacenar hasta su uso.

Huevos revueltos al horno con cúrcuma

Porciones: 6

Tiempo de cocción: 15 minutos

Ingredientes:

8 a 10 huevos grandes, criados en pasto

½ taza de leche de almendras o de coco sin azúcar

½ cucharadita de cúrcuma en polvo

1 cucharadita de cilantro picado

¼ cucharadita de pimienta negra

Una pizca de sal

Direcciones:

1. Precaliente el horno a 3500F.
2. Engrase una asadera o una fuente para hornear resistente al calor.
3. En un bol, bate el huevo, la leche, la cúrcuma en polvo, la pimienta negra y la sal.
4. Vierta la mezcla de huevo en la fuente para hornear.

5. Coloque en el horno y hornee por 15 minutos o hasta que los huevos estén listos.

6. Retire del horno y decore con cilantro picado encima.

Información nutricional:Calorías 203Grasa total 16gGrasa saturada 4gCarbohidratos totales 5gCarbohidratos netos 4gProteína 10gAzúcar: 4gFibra: 1gSodio: 303

mgPotasio 321mg

Salvado De Desayuno De Chia Y Avena

Porciones: 2

Ingredientes:

85 g de almendras tostadas picadas

340 g de leche de coco

30 g de azúcar de caña

2½ g de piel de naranja

30 g de mezcla de linaza

170 g de avena

340 g de arándanos

30 g de semillas de chía

2½ g de canela

Direcciones:

1. Combine todos sus ingredientes húmedos y mezcle el azúcar y la leche con la ralladura de naranja.

2. Agregue la canela y mezcle bien. Una vez que esté seguro de que el azúcar no tiene grumos, agregue los copos de avena, las semillas de lino y la chía y deje reposar por un minuto.

3. Toma dos tazones o tarros y vierte la mezcla en ellos. Espolvorear con las almendras tostadas y reservar en la nevera.

4. ¡Sáquelo por la mañana y profundice!

Información nutricional:Calorías: 353, Grasas: 8 g, Carbohidratos: 55 g, Proteínas: 15 g, Azúcares: 9,9 g, Sodio: 96 mg

Rhubarb, Apple Plus Ginger Muffin Receta

Porciones: 8

Tiempo de cocción: 30 minutos

Ingredientes:

1/2 cucharadita de canela molida

1/2 cucharadita de jengibre molido

pizca de sal marina

1/2 taza de harina de almendras (almendras molidas)

1/4 taza de azúcar sin refinar sin refinar

2 cucharadas de jengibre cristalizado finamente picado

1 cucharada de harina de linaza molida

1/2 taza de harina de trigo sarraceno

1/4 taza de harina de arroz integral fina

1/4 taza (60 ml) de aceite de oliva

1 huevo de corral grande

1 cucharadita de extracto de vainilla

2 cucharadas de maicena orgánica o arrurruz real 2 cucharaditas de levadura en polvo sin gluten

1 taza de ruibarbo picado

1 manzana pequeña, pelada y finamente picada

95 ml (1/3 taza + 1 cucharada) de leche de arroz o de almendras<u>Direcciones:</u>

1. Precalentar el horno a 180C/350C. Engrase o forre 8 moldes para muffins de 80 ml (80 ml) con tapas de papel.

2. Coloque la harina de almendras, el jengibre, el azúcar y la linaza en un tazón mediano. Tamice sobre el polvo de hornear, la harina y las especias, luego mezcle uniformemente. Revuelva el ruibarbo y la manzana en la mezcla de harina para cubrir.

3. Bate la leche, el azúcar, el huevo y la vainilla en otro tazón más pequeño antes de verter en la mezcla seca y revuelve hasta que se mezclen.

4. Divida la masa uniformemente entre las latas/cajas de papel y hornee durante 20-25 minutos o hasta que la masa esté dorada alrededor de los bordes.

5. Retire y deje reposar durante 5 minutos antes de transferir a una rejilla para que se enfríe aún más.

6. Comer tibio oa temperatura ambiente.

<u>Información nutricional:</u>Calorías 38 Carbohidratos: 9g Grasa: 0g Proteína: 0g

Porciones de cereales y frutas: 6

Ingredientes:

1 c. Pasas

C. arroz integral de coccion rapida

1 manzana granny smith

1 naranja

8 oz. yogur de vainilla bajo en grasa

3c. agua

C. bulgur

1 manzana roja deliciosa

Direcciones:

1. Coloque una olla grande a fuego alto y hierva el agua.

2. Agregue bulgur y arroz. Reduzca el fuego a bajo y cocine a fuego lento tapado durante diez minutos.

3. Apague el fuego, deje reposar durante 2 minutos mientras está cubierto.

4. Transfiera los granos a una bandeja para hornear y extiéndalos uniformemente para que se enfríen.

5. Mientras tanto, pela las naranjas y córtalas en gajos. Picar y descorazonar las manzanas.

6. Una vez que los granos se hayan enfriado, transfiéralos a un tazón grande para servir junto con la fruta.

7. Agregue yogur y mezcle bien para cubrir.

8. Sirve y disfruta.

Información nutricional:Calorías: 121, Grasas: 1 g, Carbohidratos: 24,2 g, Proteínas: 3,8 g, Azúcares: 4,2 g, Sodio: 500 mg

Perky Paleo Potato & Protein Powder

Porciones: 1

Tiempo de cocción: 0 minutos

Ingredientes:

1 camote pequeño, prefrito y picado 1 cucharada de proteína en polvo

1 plátano pequeño, en rodajas

¼ taza de arándanos

¼ taza de frambuesas

Elección de coberturas: semillas de cacao, semillas de chía, corazones de cáñamo, mantequilla de nueces/semillas favorita (opcional)

Direcciones:

1. Triture la batata en un tazón pequeño para servir con un tenedor. Añade la proteína en polvo. Mezclar bien hasta que todo esté bien mezclado.

2. Coloque las rodajas de plátano, los arándanos y las frambuesas encima de la mezcla. Adorne con los ingredientes que desee. Puedes disfrutar de este desayuno tanto frío como caliente.

Información nutricional: Calorías 302 Grasa: 10 g Proteína: 15,3 g Sodio: 65 mg Carbohidratos totales: 46,7 g

Bruschetta de tomate con albahaca Porciones: 8

Ingredientes:

C. albahaca picada

2 dientes de ajo picados

1 cucharada. vinagre balsámico

2 cucharadas. Aceite de oliva

½ cucharadita pimienta negra molida

1 baguette de trigo integral rebanada

8 tomates Roma maduros cortados en cubitos

1 cucharadita sal marina

Direcciones:

1. Primero, precaliente el horno a 375 F.

2. En un tazón, corte los tomates en dados, mezcle el vinagre balsámico, la albahaca picada, el ajo, la sal, la pimienta y el aceite de oliva y reserve.

3. Corte la baguette en 16-18 rebanadas y colóquelas en una bandeja para hornear durante unos 10 minutos para hornear.

4. Sirva con rebanadas de pan tibio y disfrute.

5. Para las sobras, guárdelas en un recipiente hermético y refrigere.

Intenta ponerlos sobre pollo a la parrilla, ¡es increíble!

Información nutricional:Calorías: 57, Grasas: 2,5 g, Carbohidratos: 7,9 g, Proteínas: 1,4 g, Azúcares: 0,2 g, Sodio: 261 mg

Panqueques De Canela Con Coco Porciones: 2

Tiempo de cocción: 18 minutos

Ingredientes:

2 huevos orgánicos

1 cucharada de harina de almendras

2 onzas de queso crema

¼ taza de coco rallado y más para decorar ½ cucharada de eritritol

1/8 cucharadita de sal

1 cucharadita de canela

4 cucharadas de stevia

½ cucharada de aceite de oliva

Direcciones:

1. Rompa los huevos en un tazón, bata hasta que quede esponjoso, luego agregue la harina y el queso crema hasta que quede suave.

2. Agregue los ingredientes restantes y revuelva hasta que estén bien mezclados.

3. Tome una sartén, póngala a fuego medio, engrase con aceite, luego vierta la mitad de la masa y cocine de 3 a 4 minutos por lado hasta que el panqueque esté bien cocido y dorado.

4. Coloque el panqueque en un plato y hornee otro panqueque de la misma manera con la masa restante.

5. Espolvorea coco sobre los panqueques cocidos y sirve.

Información nutricional:Calorías 575, grasa total 51 g, carbohidratos totales 3,5 g, proteína 19 g

Avena con nueces, arándanos y plátano

Porciones: 6

Tiempo de cocción: 2 horas

Ingredientes:

2 tazas de comida enrollada

1/4 taza de almendras (tostadas)

1/4 taza de nueces

1/4 taza de nueces

2 cucharadas de linaza molida

1 cucharadita de jengibre molido

1 cucharadita de canela

1/4 cucharadita de sal marina

2 cucharadas de azúcar de coco

½ cucharadita de levadura en polvo

2 tazas de leche

2 plátanos

1 taza de arándanos frescos

1 cucharada de jarabe de arce

1 cucharadita de extracto de vainilla

1 cucharada de mantequilla derretida

yogur para servir

Direcciones:

1. En un tazón grande, agregue las nueces, las semillas de lino, el polvo de hornear, las especias y el azúcar de coco y mezcle.

2. En otro tazón, bata los huevos, la leche, el jarabe de arce y el extracto de vainilla.

3. Corta los plátanos por la mitad y colócalos en la olla de cocción lenta con los arándanos.

4. Agregue la mezcla de avena y vierta sobre la mezcla de leche.

5. Rocíe con mantequilla derretida,

6. Cocine la olla de cocción lenta a fuego lento durante 4 horas o a fuego alto durante 4 horas. Cocine hasta que el líquido se haya absorbido y la avena esté dorada.

7. Sirva tibio y cubra con yogur griego natural.

Información nutricional: Calorías 346 mg Grasa total: 15 g Carbohidratos: 45 g Proteína: 11 g Azúcar: 17 g Fibra 7 g Sodio: 145 mg Colesterol: 39 mg

Tostada de huevo con salmón escalfado

Porciones: 2

Tiempo de cocción: 4 minutos

Ingredientes:

Pan, dos rebanadas de centeno o tostadas integrales Jugo de limón, un cuarto de cucharadita

Aguacate, dos cucharadas en puré

Pimienta negra, un cuarto de cucharadita

Huevos, dos escalfados

Salmón, ahumado, cuatro onzas

Cebolletas, una cucharada en rodajas finas

Sal, un octavo de cucharadita

Direcciones:

1. Agregue jugo de limón al aguacate con sal y pimienta. Divide el aguacate mixto sobre las rebanadas de pan tostado. Coloca el salmón ahumado sobre

la tostada y decora con un huevo escalfado. Cubra con cebollas de primavera en rodajas.

Información nutricional: Calorías 389 grasa 17,2 gramos proteína 33,5 gramos carbohidratos 31,5 gramos azúcar 1,3 gramos fibra 9,3 gramos

Budín de desayuno con chía Porciones: 2

Tiempo de cocción: 0 minutos

Ingredientes:

Semillas de chía, cuatro cucharadas

Mantequilla de almendras, una cucharada

Leche de coco, 3/4 taza

Canela, una cucharadita

vainilla, una cucharadita

Café frío, tres cuartos de taza

Direcciones:

1. Combinar bien todos los ingredientes y verter en un recipiente apto para nevera. Cubra bien y refrigere durante la noche.

Información nutricional: Calorías 282 carbohidratos 5 gramos de proteína 5.9 gramos de grasa 24

gramos

Huevos Con Queso Porciones: 1

Ingredientes:

C. tomate picado

1 clara de huevo

1 cebolla verde picada

2 cucharadas. Leche sin grasa

1 rebanada de pan integral

1 huevo

onz. queso cheddar bajo en grasa rallado

Direcciones:

1. Mezclar el huevo y las claras de huevo en un bol y añadir la leche.

2. Revuelva la mezcla en una sartén antiadherente hasta que los huevos estén cocidos.

3. Mientras tanto, tostar el pan.

4. Vierta la mezcla de huevos revueltos sobre el pan tostado y espolvoree con el queso hasta que se derrita.

5. Agregue la cebolla y el tomate.

Información nutricional:Calorías: 251, Grasas: 11,0 g, Carbohidratos: 22,3 g, Proteínas: 16,9

g, azúcares: 1,8 g, sodio: 451 mg

Tazones Tropicales Porciones: 2

Tiempo de cocción: 0 minutos

Ingredientes:

1 taza de jugo de naranja

1 taza de mango, pelado y en cubos

1 taza de piña, pelada y cortada en cubitos

1 plátano, pelado

1 cucharadita de semillas de chía

Una pizca de cúrcuma en polvo

4 fresas, en rodajas

Direcciones:

1. Mezcla el jugo de naranja con el mango, la piña, el plátano, las semillas de chía y la cúrcuma en tu licuadora. Triture bien, divida entre tazones, cubra cada uno con las fresas y sirva.

2. ¡Disfruta!

Información nutricional:calorías 171, grasa 3, fibra 6, carbohidratos 8, proteína 11

Hash Browns Tex Mex Porciones: 4

Tiempo de cocción: 30 minutos

Ingredientes:

1 ½ libras de papas, cortadas en cubitos

1 cucharada de aceite de oliva

Pimienta al gusto

1 cebolla, picada

1 pimiento rojo, finamente picado

1 jalapeño, cortado en aros

1 cucharadita de aceite

½ cucharadita de comino molido

½ cucharadita de mezcla de condimentos para tacos

Direcciones:

1. Precaliente su freidora de aire a 320 grados F.

2. Mezcle las papas en 1 cucharada de aceite.

3. Sazone con pimienta.

4. Transfiera a la cesta de la freidora.

5. Freír al aire durante 20 minutos, agitar dos veces durante la cocción.

6. Combine los ingredientes restantes en un tazón.

7. Agregue a la freidora de aire.

8. Mezcle bien.

9. Cocine a 356 grados F durante 10 minutos.

Pasta Shirataki Con Aguacate Y Crema

Porciones: 2

Tiempo de cocción: 6 minutos

Ingredientes:

½ paquete de fideos shirataki, cocidos

½ de un aguacate

½ cucharadita de pimienta negra molida

½ cucharadita de sal

½ cucharadita de albahaca seca

1/8 taza de crema espesa

Direcciones:

1. Coloque una cacerola mediana llena hasta la mitad con agua a fuego medio, hierva, luego agregue los fideos y cocine por 2 minutos.

2. Luego escurra los fideos y déjelos a un lado hasta que los necesite.

3. Coloque el aguacate en un tazón, macháquelo con un tenedor, 4. Triture el aguacate en un tazón, póngalo en una licuadora, agregue el resto de los ingredientes y triture hasta que quede suave.

5. Tome una sartén, póngala a fuego medio y cuando esté caliente, agregue los fideos, vierta la mezcla de aguacate, revuelva bien y cocine por 2 minutos hasta que esté caliente.

6. Sirva inmediatamente.

Información nutricional: Calorías 131, grasa total 12,6 g, carbohidratos totales 4,9 g, proteína 1,2 g, azúcar 0,3 g, sodio 588 mg

Deliciosas porciones de papilla de amaranto: 2

Tiempo de cocción: 30 minutos

Ingredientes:

½ taza de agua

1 taza de leche de almendras, sin azúcar

½ taza de amaranto

1 pera, pelada y cortada en cubitos

½ cucharadita de canela molida

¼ de cucharadita de jengibre fresco, rallado

Una pizca de nuez moscada molida

1 cucharadita de jarabe de arce

2 cucharadas de pecanas picadas

Direcciones:

1. Ponga el agua y la leche de almendras en una cacerola, lleve a ebullición a fuego medio, agregue el amaranto, mezcle y cocine por 20 minutos.

Agregue la pera, la canela, el jengibre, la nuez moscada y el jarabe de arce y mezcle.

Cocine a fuego lento durante otros 10 minutos, divida entre tazones y sirva con nueces espolvoreadas encima.

2. ¡Disfruta!

Información nutricional:calorías 199, grasa 9, fibra 4, carbohidratos 25, proteína 3.

Tortitas de Harina de Almendras con Queso Crema Porciones: 2

Tiempo de cocción: 18 minutos

Ingredientes:

½ taza de harina de almendras

1 cucharadita de eritritol

½ cucharadita de canela

2 onzas de queso crema

2 huevos orgánicos

1 cucharada de mantequilla sin sal

Direcciones:

1. Prepare la masa para panqueques colocando la harina en una licuadora, agregue los ingredientes restantes y pulse durante 2 minutos hasta que quede suave.

2. Transfiera la masa a un bol y déjala reposar durante 3 minutos.

3. Luego, tome una sartén grande, póngala a fuego medio, agregue mantequilla y cuando se haya derretido, vierta ¼ de la masa para panqueques preparada.

4. Extienda la masa uniformemente en la sartén, fría durante 2 minutos por lado hasta que estén doradas y luego transfiera el panqueque a un plato.

5. Hornee tres panqueques más de la misma manera con la masa restante y sirva los panqueques con sus bayas favoritas cuando estén listos.

Información nutricional:Calorías 170, grasa total 14,3 g, carbohidratos totales 4,3, proteína 6,9 g, azúcar 0,2 g, sodio 81 mg

Hash de desayuno con manzana y pavo

Porciones: 5

Tiempo de cocción: 10 minutos

Ingredientes:

Para la carne:

1 libra de pavo molido

1 cucharada de aceite de coco

½ cucharadita de tomillo seco

½ cucharadita de canela

sal marina, al gusto

Para el hachís:

1 cucharada de aceite de coco

1 cebolla

1 manzana grande, pelada, sin corazón y picada

2 tazas de espinacas o vegetales de tu preferencia

½ cucharadita de cúrcuma

½ cucharadita de tomillo seco

sal marina, al gusto

1 calabacín grande o 2 pequeños

½ taza de zanahorias ralladas

2 tazas de calabaza congelada (o batata) cortada en cubitos 1 cucharadita de canela

¾ cucharadita de jengibre en polvo

½ cucharadita de ajo en polvo

Direcciones:

1. En una sartén, caliente una cucharada de aceite de coco a fuego medio/alto.

Fije el pavo al suelo y cocine hasta que esté crujiente. Sazone con tomillo, canela y una pizca de sal marina. Ve al plato.

2. Mezcle el aceite de coco restante en la misma sartén y fría la cebolla durante 2-3 minutos hasta que esté blanda.

3. Agregue calabacín, manzana, zanahorias y calabaza congelada al gusto—

Cocine durante unos 4-5 minutos, o hasta que las verduras comiencen a ablandarse.

4. Adjunte y bata las espinacas hasta que se ablanden.

5. Agregue el pavo cocido, las especias, la sal y el aceite.

6. Disfruta de este hachís recién salido de la sartén, o déjalo enfriar y refrigera durante toda la semana. El hachís se puede colocar en un recipiente sellado en el

nevera durante unos 5-6 días.

Información nutricional:Calorías 350 Carbohidratos: 20g Grasa: 19g Proteína: 28g

Muffins de semillas de cáñamo y lino con queso

Porciones: 2

Tiempo de cocción: 30 minutos

Ingredientes:

1/8 taza de harina de linaza

¼ taza de semillas de cáñamo crudas

¼ taza de harina de almendras

Sal al gusto

¼ de cucharadita de levadura en polvo

3 huevos orgánicos, batidos

1/8 taza de hojuelas de levadura nutricional

¼ taza de requesón, bajo en grasa

¼ taza de queso parmesano rallado

¼ taza de cebolletas, en rodajas finas

1 cucharada de aceite de oliva

Direcciones:

1. Encienda el horno, ajústelo a 360°F y déjelo precalentar.

2. Mientras tanto, toma dos moldes, engrásalos con aceite y déjalos a un lado hasta que los necesites.

3. Tome un tazón mediano, agregue la linaza, la semilla de cáñamo y la harina de almendras y agregue la sal y el polvo de hornear hasta que se mezclen.

4. Rompa los huevos en otro tazón, agregue la levadura, el requesón y el queso parmesano, revuelva bien hasta que todo esté mezclado, luego revuelva esta mezcla en la mezcla de harina de almendras hasta que se incorpore.

5. Agregue las cebolletas, divida la mezcla entre los moldes preparados y hornee durante 30 minutos hasta que los panecillos estén listos y la parte superior esté dorada.

6. Cuando termine, retire los muffins de los moldes y déjelos enfriar completamente sobre una rejilla.

7. Para preparar la comida, envuelva cada panecillo en una toalla de papel y refrigere por hasta treinta y cuatro días.

8. Cuando esté listo para comer, caliente los muffins en el microondas hasta que estén tibios y sirva.

Información nutricional: Calorías 179, grasa total 10,9 g, carbohidratos totales 6,9 g, proteína 15,4 g, azúcar 2,3 g, sodio 311 mg

Waffles de coliflor con queso y cebollino

Porciones: 2

Tiempo de cocción: 15 minutos

Ingredientes:

1 taza de floretes de coliflor

1 cucharada de cebollín, finamente picado

½ cucharadita de pimienta negra molida

1 cucharadita de cebolla en polvo

1 cucharadita de ajo en polvo

1 taza de queso mozzarella rallado

½ taza de queso parmesano rallado

2 huevos orgánicos, batidos

1 cucharada de aceite de oliva

Direcciones:

1. Encienda la gofrera, engrásela con aceite y déjela precalentar.

2. Mientras tanto, prepare la masa para gofres poniendo todos los ingredientes en un tazón y batiendo hasta que quede suave.

3. Vierta la mitad de la masa en la gofrera caliente, ciérrela con una tapa y cocine hasta que esté bien dorada.

4. Retire el waffle y hornee otro waffle de la misma manera con la masa restante.

5. Para preparar la comida, coloque las obleas en un recipiente hermético, sepárelas con papel encerado y refrigere hasta por cuatro días.

Información nutricional:Calorías 149, grasa total 8,5 g, carbohidratos totales 6,1 g, proteína 13,3 g, azúcar 2,3 g, sodio 228 mg

Sándwich de desayuno Porciones: 1

Tiempo de cocción: 7 minutos

Ingredientes:

1 desayuno congelado

Direcciones:

1. Sándwich frito al aire a 340 grados F durante 7 minutos.

106. Muffins vegetarianos salados Porciones: 5

Tiempo de cocción: 18-23 minutos

Ingredientes:

¾ taza de harina de almendras

½ cucharadita de levadura en polvo

¼ de taza de concentrado de proteína de suero en polvo

2 cucharaditas de eneldo fresco, picado

Sal al gusto

4 huevos orgánicos grandes

1½ cucharada de levadura nutricional

2 cucharaditas de vinagre de sidra de manzana

3 cucharadas de jugo de limón fresco

2 cucharadas de aceite de coco, derretido

1 taza de manteca de coco, suavizada

1 manojo de cebolletas, picadas

2 zanahorias medianas, peladas y ralladas

½ taza de perejil fresco, picado

Direcciones:

1. Precaliente el horno a 350 grados F. Engrase 10 tazas de su molde grande para muffins.

2. En un tazón grande, combine la harina, el polvo para hornear, la proteína en polvo y la sal.

3. En otro recipiente agrega los huevos, la levadura nutricional, el vinagre, el jugo de limón y el aceite y bate hasta que se mezclen bien.

4. Agregue la mantequilla de coco y bata hasta que la mezcla se vuelva suave.

5. Agregue la mezcla de huevo a la mezcla de harina y mezcle hasta que esté bien mezclado.

6. Agregue las cebolletas, los carros y el perejil.

7. Coloque uniformemente la fusión en los moldes para muffins preparados.

8. Hornee durante unos 18-23 minutos o hasta que al insertar un palillo en el centro, éste salga limpio.

Información nutricional:Calorías: 378, Grasa: 13g, Carbohidratos: 32g, Fibra: 11g, Proteína: 32g

Panqueques De Calabacín Porciones: 8

Tiempo de cocción: 6-10 minutos

Ingredientes:

1 taza de harina de garbanzos

1½ tazas de agua, dividida

¼ de cucharadita de semillas de comino

¼ cucharadita de pimienta de cayena

¼ de cucharadita de cúrcuma molida

Sal al gusto

½ taza de calabacín, rallado

½ taza de cebolla morada, finamente picada

1 chile verde, sin semillas y finamente picado

¼ taza de cilantro fresco, picado

Direcciones:

1. En un tazón grande, agregue la harina y ¾ de taza de agua y bata hasta que quede suave.

2. Agrega el agua restante y bate hasta que quede fina 3. Incorpora la cebolla, el jengibre, el chile serrano y el cilantro.

4. Engrase ligeramente una sartén antiadherente pesada con aceite y caliente a fuego medio.

5. Agregue aproximadamente ¼ de taza de la mezcla e incline la sartén para distribuirla uniformemente en la sartén.

6. Cocine durante unos 4-6 minutos.

7. Voltee con cuidado el lado y cocine durante unos 2-4 minutos.

8. Repita mientras usa la mezcla restante.

9. Servir junto con el topping deseado.

Información nutricional:Calorías: 389, Grasa: 13g, Carbohidratos: 25g, Fibra: 4g, Proteína: 21g

Hamburguesas de desayuno con bollos de aguacate Porciones: 1

Tiempo de cocción: 5 minutos

Ingredientes:

1 aguacate maduro

1 huevo, criado en pasto

1 rodaja de cebolla roja

1 rodaja de tomate

1 hoja de lechuga

Semillas de sésamo para decorar

Sal al gusto

Direcciones:

1. Pelar el aguacate y quitarle la semilla. Cortar el aguacate por la mitad. Esto servirá como el bollo. Poner a un lado.

2. Engrasa una sartén a fuego medio y fríe el huevo, con el lado soleado hacia arriba, durante 5 minutos o hasta que cuaje.

3. Montar la hamburguesa de desayuno colocando sobre una mitad de aguacate con el huevo, la cebolla morada, el tomate y la hoja de lechuga.

4. Cubra con el rollo de aguacate restante.

5. Adorne con semillas de sésamo y sazone con sal.

Información nutricional:Calorías 458 Grasa total 39 g Grasa saturada 4 g Carbohidratos totales 20 g Carbohidratos netos 6 g, proteína 13 g Azúcar: 8 g Fibra: 14 g Sodio: 118 mg Potasio 1184 mg

Sabrosos hojaldres cremosos y con queso

Porciones: 2

Tiempo de cocción: 12 minutos

Ingredientes:

½ taza de harina de almendras

½ cucharadita de ajo en polvo

½ cucharadita de sal

1 huevo orgánico

1½ cucharada de crema batida espesa

¼ taza de queso feta, desmenuzado

½ cucharada de aceite de oliva

Direcciones:

1. Encienda el horno, ajuste la temperatura a 350°F y deje que se precaliente.

2. Mientras tanto, prepare la masa para galletas colocando todos los ingredientes en una licuadora y pulse durante 2 minutos hasta que quede suave.

3. Para preparar galletas, coloque la masa preparada en un espacio de trabajo, luego forme bolas de 1 pulgada.

4. Tome una bandeja para hornear, engrásela con aceite, coloque las galletas en ella, con cierta distancia entre sí, y hornee por 12 minutos hasta que estén bien cocidas y doradas.

5. Cuando las galletas estén listas, déjelas enfriar en la bandeja para hornear durante 5 minutos, luego transfiéralas a una rejilla para que se enfríen por completo y sirva.

<u>Información nutricional:</u>Calorías 294, grasa total 24 g, carbohidratos totales 7,8 g, proteína 12,2 g, azúcar 1,1 g, sodio 840 mg

www.ingramcontent.com/pod-product-compliance
Lightning Source LLC
Chambersburg PA
CBHW070404120526
44590CB00014B/1252